recueil g…

sur Claude Lévi…

Recueil général des …

sur Claude Lévi-S…

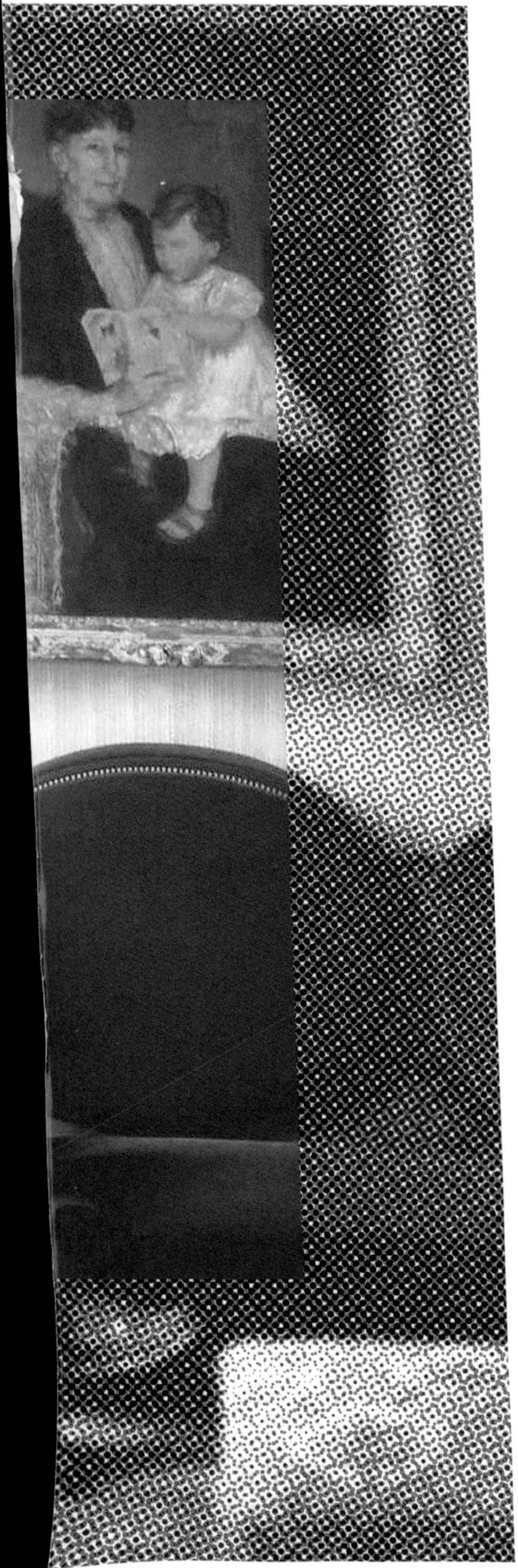

レヴィ＝ストロース論集成

川田順造 著

青土社

Recueil général des écrits

sur Claude Lévi-Strauss

par KAWADA Junzo

レヴィ＝ストロース論集成

目次

Recueil général des écrits

sur Claude Lévi-Strauss

1

2

5

レヴィ＝ストロース論集成

Recueil général des écrits sur Claude Lévi-Strauss

Recueil général des écrits sur Claude Lévi-Strauss

par KAWADA JUNZO

レヴィ＝ストロース先生　別荘のサロンで、2 歳の時の肖像画の前で、1986 年 7 月著者撮影

1

Recueil général des écrits

sur Claude Lévi-Strauss

現代思想のなかのレヴィ＝ストロース

ビデオ・インタヴューへの解説

現代の文化人類学者で、クロード・レヴィ＝ストロースほど、専門以外の領域にまで広く深い影響を与えた人はいないだろう。そしてストーリーテラーとしての魅力も加わって、その著作が広く読まれ、話題にされていながら、彼ほどその思想の本質の全体がよく理解されていない著述家もめずらしいのではないだろうか。『野生の思考』（一九六二年）での痛烈なサルトル批判以来、彼の思想は「構造主義」の名のもとに、バルト、ラカン、フーコーなどの思想家ともしばしばひとまとめにされ、実存主義の旋風が過ぎ去った後の一九六〇年代のパリを中心とする知的ファッションの目玉にまつりあげられた観がある。

当時、学問と思想のエネルギーが横溢していたパリで一九六二年から三年間、レヴィ＝ストロース先生の薫陶を受けながら文化人類学を学んでいた私にも、先生は自分の構造主義は文化人類学における一つの方法であって思想ではない、バルト、ラカン、フーコーなどと一緒に扱われるのは迷惑だとよく言っておられた。いわゆる構造主義が、思想、文学、芸術などに衝撃を与えた後、地元のフランスでも、そして日本でも（いつものことだが）、必ずしも十分に咀嚼検討されないままに、「ポスト」というレッテルを貼って時代遅れとされ、「脱構築」の新しい潮流に知的流行が移ったことは周知の通りだ。文化人類学に限らず、広く人文諸科学における方法論としての構造主義は、レヴィ＝ストロースによればルネッサンス時代からあり、十八世紀に発展を遂げて、言語学、美術史、心理学等の領域に広く浸透したという。

同類として扱われるのが迷惑であるにせよ、ジャック・ラカンはじめ同時代の思想家たちとの広い交流の中で精錬されたレヴィ＝ストロースの構造主義が、いくつもの意味で世界史の大転回期に当たっていた一九六〇年代の思想状況で先駆的な役割を果し、豊かな同時代性をもっていたことは否定できない。ただ、知的流行とは無関係に、文化の認識の方法としての構造主義を、レヴィ＝ストロースは一貫して文化人類学の研究に適用してきたし、「流行」が沈潜したあとも旺盛な執筆活動によって次々と世に問われている著作――『やきもち焼きの土器つくり』（一九八五年）、『大山猫の物語』（一九九一年）、『みる　きく　よむ』（一九九三年）――が雄弁に物語っているように、構造分析の方法は文化研究のある側面での有効性と啓発力を、十分に発揮し続けてきたといえる。

今回のビデオに収められた二回のインタヴューは、構造主義のラベルのもとに知名度は高いが必ずしもよく理解されてはいない、レヴィ＝ストロースの学問と人間に、レヴィ＝ストロース自身の語り口を通して接近しようとする試みである。各回について述べる前に、まずレヴィ＝ストロースの、構造主義的文化人類学者として形成されるまでの人生の軌跡を、かいつまんでたどってみよう。

クロード・レヴィ＝ストロースは一九〇八年（日本では明治四十一年で、第一回のブラジル移民九八一人を乗せた笠戸丸が神戸を出航した年だ）両親がたまたま滞在していたベルギーのブリュッセルで生まれた。アルザス地方のユダヤ人の家系で、父親はとくに有名ではない肖像画家だったが、当時の風潮で日本の浮世絵を沢山もっていて、クロード少年の学業成績がよいと褒美に与え、少年の心を日本の美の世界に開いた。父が油彩で描いた、二歳のときのクロードが祖母の膝で本を開いている大きな絵は、ブルゴーニュにある先生の別荘のサロンの壁に飾られている。私は一度、一九八六年のことだったが、田舎の家でジーパン姿でくつろぐレヴィ＝ストロース先生に、この絵の下のソファに本をひろげて座っていただき、〝七十六年後〟のポーズをお願いして写真をとったことがある。先生も茶目っ気たっぷりに、楽しそうに注文に応じて下さった（七ページ参照）。他にもよく紹介される、利発な表情の少年クロードのポートレート写真も、父親の筆になるものだ。

画家だった父親の母の父はイザーク・ストロースといい、ナポレオン三世の宮廷舞踏楽団の指揮者であり、オペレッタ作曲家として有名なジャック・オッフェンバックの協作者でもあった。レヴィ＝ストロースが先祖から受けたこうした血の中にも、音楽や美術への豊かな感性が流れていることがわかる。母方の祖父はヴェルサイユのラビ（ユダヤ教の律法教師）で、第一次大戦中の幼時の一時期を、シナゴーグに接しているその祖父の家で過ごしたこともあったが、当時「すでに無信仰になっていた」（『悲しき熱帯』第23章）。レヴィ＝ストロース自身、無神論者であることを何度も表明し、「自分だけの神をもっているということ、それに対して私は決して心をひらくことができないのです」（『悲しき熱帯』上、川田との対談「二十二年ののちに」本書第2部収録）とも語っている。少年時代から山野を跋渉することが好きで、地質や鉱物に深い関心をもったが、こうした関心も構造分析の方法を感性の面で育てる一要素になったと思われる。さらに動植物も含む博物学的視野は、レヴィ＝ストロースの著作のいたるところで考察の手がかりとなり、その展開を豊かに彩っている。

パリ大学で法学部に籍をおいたが、同時に哲学、心理学を学び、難関とされる哲学の教授資格試験に一回で合格、教育実習では同年齢のシモーヌ・ド・ボーヴォワール、モーリス・メルロ＝ポンティと一緒で、メルロ＝ポンティとは彼が五十三歳で世を去るまで親交を結んだ。学生時代のレヴィ＝ストロースは、マルクスを熱読する、社会主義運動の活動家でもあった。こうした政治的改革の実践への意欲は、後には影をひそめ、アカデミー・フランセーズの入会演説にも示されているように、晩年には文化保守主義の立場をむしろ鮮明にしている。アンドレ・ブルトン等との交友関係も含めて、シュールレアリスムとは深いつながりをもったが、現代美術や現代音楽でも、アブストラクトや前衛的なものへの評価はむしろ控え目だ。

フランスの地方高校で三年間哲学の教鞭をとった後、新設のサンパウロ大学に赴任、社会学の講義を担当する。在任中の三年間、休暇を利用してボロロ、カデュヴェオなどブラジルのインディオを訪れ、ついでパリの人類博物館の資料収集をかねて、本格的な調査を行なうため、サンパウロ大学を辞任してブラジル西部を南北に縦断する学術調査（一行は、現地雇いを除いて、レヴィ＝ストロースと最初の妻、リオの博物館員、フランス人の医者の四人）を組織する。このブラジルでの体験は、レヴィ＝ストロースの文化人類学者としての自己形成に決定的な意味をもつことになるが、興味深いのは、実質六ヵ月間現地調査に専念したときも、一文化の集中的調査ではなく、比較の視野をもった広域調査を行なっていることだ。そのため最も長く滞在したナンビクワラ族のところでも、調査期間は明確にされていないが前後関係から推定して、長くて三週間、他の社会についてはもっと短い。最低二年間（つまり一年のサイクルを二回）一つの土地に住みこんで言葉を習い、土地の人々と寝食を共にする、文化人類学の基本とされる長期滞在調査からみれば、駆け足の調査旅行といえるだろう。だが、この調査旅行の記録『悲しき熱帯』を一読して明らかなように、レヴィ＝ストロースの観察の鋭さ、観察された対象からの問題発見の見事さには驚嘆するほかはない。これは、このビデオの第二巻で日本での体験や見聞について語るのを聞いてもわかるが、感性の豊かさと同時に、博大な教養に基づく犀利な問題意識が、たとえ短期間の接触でも質の高い観察や適切な分析を生むのであろう。この六ヵ月の広域調査を含むブラジル体験が、文化人類学者として形成期のレヴィ＝ストロースにもたらしたものは、なによりも鋭ぎすまされた研究者の主観に基づく、対象の内の指標（徴候）の発見、指標相互の内的連関（構造）の把握、および隣接した異なる対象の中での構造の変換の解明という、後の構造分析の基本となる考え方を、現場で体得したことにあるといえるかも知れない。

このことと関連して指摘したいのは、文化人類学者にとって、自己形成期の長期の調査から得られた資料が、その後のモノグラフ的研究や理論的研究の主要な素材となることが一般であるのに、レヴィ＝ストロースの場合、ナンビクワラの家族生活や首長のあり方、ボロロの双分制等についての考察は論文の形でまとめられたが、ブラジル体験のすぐあとのアメリカ合衆国滞在中に書かれた博士論文『親族の基本構造』をはじめ、すべての著書は、自身のブラジルでの現地調査に基づく資料によってでなく、文献資料に基づいて書かれていることである。レヴィ＝ストロースにとってのブラジル体験は、彼の文化人類学研究にとって、資料収集においてでなく、感性を啓き、構造や変換という観念を胚胎させることにおいて重要な意味をもったというべきなのかも知れない。やはり文化人類学、とくにイギリス系の社会人類学においてよく用いられる「構造」の概念とレヴィ゠ストロースの「構造」概念の最も大きな違いは、後者では構造は実体ではなくモデルであり、「変換」が基本的に重要な意味をもっているところにあるといってよいと思われる。

もっとも、ブラジル滞在からフランスへ帰るとまもなく第二次大戦がはじまって召集され、ドイツとの休戦後にはペタン政権下でのユダヤ人迫害を逃れてアメリカへ脱出、大戦が終るまでアメリカを離れられなかったのだが、もし大戦が勃発しなければ、またブラジルへ戻って調査を続けるつもりだったとも自ら語っているので、上に記したような経過は、多分に歴史の偶然が作り出した状況の制約のためもあったといえるのかも知れない。集約的調査のモデルをつくったブロニスロー・マリノフスキーの南太平洋のトロブリアンド諸島での長期滞在が、第一次世界大戦勃発で帰国が困難になったという事情によっていることを考え併せると、二十世紀の文化人類学の二人の巨匠の現地調査のあり方と、そこから二人が導き出した方法論と、両次大戦との偶然の関係に興味をそそられる。

フランスからアメリカへ脱出する船の中でのアンドレ・ブルトンとの出会い、亡命ユダヤ人学者をスタッフに集めたニューヨークの新・社会研究院での、やはりヨーロッパを逃れてきたユダヤ人言語学者ローマン・ヤーコブソンとの出会いと親交、当時のアメリカでの先端科学だったノバート・ウィーナー等のサイバネティクスに触れたこと、そしてフランツ・ボアズ、ロバート・ローウィ、アルフレッド・クローバー等を指導的学者としてアメリカで興隆期を迎えていた、総合的な人間の学としての文化人類学の研究環境の中で初期の研究をまとめていったこと、一九四六年からは駐米フランス大使館の文化参事官として滞在し、一九四八年に帰国するまでにエポックメーキングな最初の大著『親族の基本構造』を書き上げたこと、などをアメリカ滞在中の主要な出来事として指摘すべきであろう。

帰国後は、パリの人類博物館の副館長、高等研究院の指導教官などとして、文化人類学の研究、教育組織で活動し、一九五九年からはコレージュ・ド・フランスに教授として迎えられ、講義のかたわら、社会人類学研究室を創設し、またピエール・グールー、アンドレ・オードリクール、ジョルジュ＝アンリ・リヴィエール等と雑誌『人間 *L'HOMME*』を創刊し、研究組織の改善、後進の研究環境の整備にも力を注いだ。

これと併行して、『人種と歴史』（一九五二年）、『悲しき熱帯』（一九七三年［一九五五年］）、『構造人類学』（一九五八年）、『今日のトーテミスム』（一九六二年）、『野生の思考』（一九六二年）、『神話論理Ｉ　生のものと火にかけたもの』（一九六四年）、『神話論理Ⅱ　蜜から灰へ』（一九六七年）、「神話論理Ⅲ　食事作法の起源』（一九六八年）、『神話論理Ⅳ　裸の人間』（一九七一年）、『構造人類学Ⅱ』（一九七三年）、『仮面の道』（一九七九年［一九七五年］）、『離見』（一九八三年）等の著作を次々と発表し、文化人類学のみならず、思想界にも広く深い影響を与えた。

一九四九年にパリで刊行された『親族の基本構造』以後、レヴィ＝ストロースの構造主義的文化人類学が、二十世紀後半の思想全体に対して持った意味を――ここでは細部に立ち入って検討する余裕はないが――、大きくまとめるとすれば、次の二点に要約できるだろう。第一は、文明社会によって「未開」とみなされてきた文化、ないしは「野生の思考」に正当な位置を与え、「未開」と「文明」が上下あるいは先後関係にあるのではなく、相互に浸透し、補い合っていることを、具体的な資料の分析を通じて理論的に示したこと、それによって二十世紀の西洋文明を根底的に、つまり最もラディカルに批判する視点を築いたことが挙げられるだろう。これはある意味では、レヴィ＝ストロースが「人類学の創始者」と呼ぶジャン＝ジャック・ルソーの「善き野蛮人」の思想の発展的継承ともいえる。十八世紀のルソーも、野蛮人を文明人に対置することによって当時の西洋文明を批判したが、しかし十八世紀には、「野蛮人」を含む非西洋世界についての西洋世界の知見は限られた、断片的なものでしかなかった。だが逆にそれだからこそ、ルソーによって理想化され、文明を批判するモデルとして理念化されることも容易だったといえるかも知れない。

その後十九世紀、とくにその後半は、産業革命を経た西洋社会が非西洋社会を植民地として支配・収奪した時代であり、かつてのヨーロッパに戦慄と刺戟を与えた「野蛮人」が、進んだ西洋に支配される遅れた「未開人」として、審美的な異国趣味の対象に成りさがった時代でもある。同時にこの時代および二十世紀の両大戦間に、「未開人」についての民族学・文化人類学の知見は著しく精密化し、量的にも増大する。そして第二次大戦後、とくに一九六〇年代以降は、植民地が独立し第三世界として台頭するなかで、南北問題、開発に伴う資源や環境問題など、「文明」と「進歩」に対する疑問が、地球規模で現実のものとなった。この時期に、ルソーの時代より質・量ともに格段に進んだ「未開社会」についての知見をもとに、レヴィ＝ストロースは真にグローバルな認識の学の構築を企てたといえる。

第二に、第二次大戦直後、あらゆる既存の価値の崩壊、空前の規模の物質的破壊と殺戮、それのもたらした混乱のなかで、個としての人間の主体のあり方を追求する思想として広く迎え入れられた実存主義に代わって、レヴィ＝ストロースの構造主義は、冷徹な客観性を標榜する具体の科学として登場する。構成要素の対置と変換の方法を通じて、主体によっては意識されない集合的な文化の構造を解明し、そこから人類に「不変の（invariant）原理」を見出そうというのである。これが実存主義を批判する強力な立場となったことは当然であるが、同時に、オーストラリア先住民の婚姻規則から、ラヴェルのボレロ、プッサンの絵、ボードレールの詩、南米インディオの神話までを対象に、内在する構造を発見しその変換の過程を明らかにしようとする知のあり方が、一九六八年の「パリ五月革命」を一つの噴出とする脱構築への志向の滔々たる潮流のなかで批判されるようにもなる。

これらの二点はいずれも、時代の動きの中で、構造主義が否応なしに担わされた思想としての役割にかかわっている。だがすでに述べたように、分析の方法としての構造主義が、ある対象について依然有効性を失っていないことは、さきに挙げた近著からも明らかで、このビデオのなかでレヴィ=ストロース自身の口からも強調されている。知的流行としての構造主義は去っても、文化の分析の方法としての構造主義は、むしろまだこれから検討されるべき多くの課題を含んでいるというべきであろう。

人類学の視点と構造分析

I

「私は考える、だから私はある」という命題を、十七世紀のヨーロッパで、哲学者デカルトが立てた。この命題は、彼の設けたいくつかの規則――明らかに真とみなされるもののほかは、決して真とみなさない。難しい問題は、解くのがより易しい小部分に分ける。認知しやすい簡単なものから始めて、それを組み合わせた複雑なものに進んでゆく、など――とともに、ヨーロッパ近代の合理論に一つの基礎を与えることになった。だが、デカルト自身の規則を当てはめてみても、疑ったり考えたりする主体としての私の存在を知るのと全く同じ明白さで、私を取り巻く外界や、私の同類である他者が存在していることを、私は認めないわけにはゆかない。

純粋に理論の書であるよりは、苦悩に満ちた模索の告白であるようにみえる『方法叙説』を初めて読んだときの私の感銘は、むしろ、彼が書を捨てて旅に出る決心をする第一部にあった。第一部でデカルトは、当時のヨーロッパで最高といわれる教育を受けながら、本のなかの知の探求に飽き足らなくなり、「世間という偉大な書物」のなかに自分を投げ込むために、「さまざまな生活の人たちと交わり、さまざまな経験を積むために」、のこりの青春を旅に出ようと決心する。なぜなら、書斎にこもって、何の結果も生まない思索に耽る文人のこしらえる理屈よりは、誤った判断をすれば、たちまちその報いが身に降りかかってくるような事柄に関わって生きている人たちの考えることの方が、より多くの真実を含んでいるように思われたからだ、とデカルトは書いている。この永遠に新しい「旅立ち」の思想の表明は、人類学の発想の端的な表明でもある。「人類学の」と一般化することが僭越なら、少なくとも私にとって、人類学へのおぼつかない関心を力づけてくれたのは、この文章だった。

だが、旅立ちを語るデカルトと、あとの部分で、疑う主体としての「私」に引きこもり、水晶のかけらを一片一片組み合わせるようにして思索を重ねるデカルトとの間には、深い隔たりがあるようにみえる。旅でめぐりあった人たちは、デカルトにとって一体何だったのだろうか。それらの人たちが彼とは異なった存在でありながら、しかもなお彼と思考や感覚を分かち合える同類であったことは、デカルトにとって、彼が疑う力をもつのと同じ程度に明白ではなかったのだろうか。

デカルトから三〇〇年あとのヨーロッパで、人類学者レヴィ＝ストロースは、デカルトの命題と対比させながら、十八世紀のヨーロッパに生きたルソーの考え方を、人類学の祖型として評価する。(1) デカルトが「私はあるか」と問うのに対して、ルソーは「私は何であるか」と問いかける。ルソーは、疑う根源の確認としての「コギト（私は考える）」からではなく、同類への共感から、私とは一つの他者であるという命題から出発する。人間研究という看板を掲げながら、哲学者は自国の人々についてしか考えない。哲学がちっとも旅をしないようだ、とルソーは言う。このようなルソーに見出されるのは、へだたりを通して普遍に達しようとする志向である。レヴィ＝ストロースが好んで引用するルソーのことば——人々について知りたければ、身のまわりを見まわすがよい。だが人間を知ろうとするなら、遠くを見ることを学ばなければならない。共通の本性を発見するためには、まず差異を観察する必要がある(2)——は、レヴィ＝ストロースの考える人類学とのつながりでの、ルソーの考え方をよく表わしている。差異を対置することによる意味の発見、他者（異文化）を知ることを通しての、一つの他者（異文化）としての私（自文化）の発見は、このような考え方を人類学の視野と資料のなかで推し進めてきたレヴィ＝ストロースの研究を一貫する態度でもある。

異なる社会を自己の社会と重ね合わせにしながら、自己の社会の隠れた本性を探ろうとする点では、レヴィ＝ストロースは、ルソーを典型とする十八世紀フランスの思想家たち（モンテスキュー、ディドロなど）の発想を、二十世紀に再現したといってもいいかも知れない。ルソーの時代には、「野蛮人」に関する、切れ切れだが鮮烈な知識が、ヨーロッパの思想家にも素朴な驚きを与え、思想家たちはそうした知識の断片をつなぎあわせてモデルをこしらえた。空想の投影としての性格が強かっただけになお、こうして作られたモデルは、ヨーロッパ文明の存立を問い直す支えとなりえたのであろう。それに対し、十九世紀に西洋文明が自己の「進歩」を肯定し、謳歌し、「野蛮人」をさんざん踏みにじり搾り取ったあとの二十世紀に、レヴィ＝ストロースは、「善き野蛮人」の顔一面に投げつけられた西洋文明の汚物と向かい合うことになる。

ルソーの時代には、「野蛮人」の多くは、まだ西洋文明の枠外で、彼らなりに生きていたが、しかしだからこそ、彼らについて西洋人が知りうることは、極めて少なかった。レヴィ＝ストロースの時代は、西洋文明のけたたましい自己肯定の一世紀が「野蛮人」の生活も変えてしまったあとで、しかしそのために、西洋人は「野蛮人」について、ルソーの時代よりはるかに詳しい知識をもつようになったのである。瀕死の「野蛮人」を、知の次元で理想化することによって、人類文化のなかに彼らを復権させようとする限りで、レヴィ＝ストロースはルソーと瓜二つの、しかしよく見ればルソーの陰画として、現代に登場するのである。

Ⅱ

それなら、このようにして「コギト」を終焉させ、他者と同類であるものの一つとして自己を認めることから出発し、他者との差異を知ることによって、隠れた本性を発見しようとするとき、自己との関係で「他者を知る」こと、あるいは他者との関係で「自己を知る」ことは、どのようにして可能になるのだろうか。人間の生き方の総体を指すものとしての「文化」を問題にするならば、狭く限れば個人が担っているものを自己や他者の単位にすることもできるし、その個人が属している集団（それも問題の取り上げ方によって、無限に異なった範囲を決めることができるだろう）が共有しているものを単位にすることもできるだろう。

この問題を考えるのに、二つの軸を手がかりにすることができるかも知れない。一つは、自他の差異を知る上での視点の置き方に関わるもので、もう一つは、差異の知り方の質と量に関わるものである。第一の軸は、自己と他者を両極にして考えることができる。一般に、他者を深く知れば知るだけ、視点を他者に近づけることができるが、しかし他者の視点になりきることは、実際にも原理的にもありえない。一方、他者の認識は、常に他者との関係の上に成り立ち、自己の視点はそうした認識の過程でたえず他者に影響を受けるから、純粋に自己の視点だけに引きこもって他者を知るということもあり得ないだろう。

これは、異なる文化のなかでの直接の経験が重要な意味をもつ人類学者にとっては、単に抽象的な認識論の議論としてではなく、人類学者の体験を通して、またその体験を反芻する作業を通して、たえず切実な問題になることである。異なる文化を「知る」とはどういうことなのかという疑問は、一般に、ある文化についての経験や知識が深くなればなるだけ、強くなるものである。断片的な、せいぜい数ヵ月の直接経験しかもたない異文化については、かえって、その文化を「知っている」と、私たちは思い込みがちなものである。むしろ「知っている」ことが限られていればいるだけ、「知っている」ということとそのものの自覚もはっきりするし、「知っている」ことの内容をまとめて表現することもたやすい。

その段階を通り越した後では、今度は、私がその文化についていかに「知らない」か、その文化にとって、私がいかに「よそもの」でしかないかという自覚の方が強まってくる。フランスでの生活が長い、フランスについて深い理解をもっておられるはずの森有正氏が私にもらした、「フランスの小学校の教科書がわからなくなった」という嘆きはその一例であろうし、ブラジルで少女時代インディオにさらわれ、インディオのなかで成人して結婚し、子どももうけたポルトガル人女性が、結局インディオの社会では「よそもの」でしかありえないということを自覚し、白人社会に逃げ帰った話[3]なども、異なる文化のなかに入りきるということの難しさを物語っている。

厳密に言えば、「異なる文化」を完全に知るということはありえないだろう。知ることが完全であるためには、私はその文化のなかで初次的な自己形成を行ない、その文化を自分のものとして内側から体得しなければならなかっただろうし、そうすればその文化はもう、私にとって「異なる文化」ではありえないのだから。逆に、異なる文化を、そのなかでできるだけ多くの直接体験を通じて内側から知ろうとしないで、自己の主観だけで切りとり、判断するということも、すでに述べたように、完全な形では行ないえないだろう。

第一の軸は、第二の、知り方の質と量の軸と不可分に結びあわされている。他者が個人の場合も集団の場合も、その他者とどれだけ長く、どれだけ多くの場で、また集団の場合は、その集団のどれだけの数の成員と接したかということは、当然問題になるが、しかし接し方の質も重要である。他者が個人であれば、職場の同僚として十年つきあうより、喧嘩、恋愛その他の特異な状況を通して交わった数ヵ月の方が、その他者をより深く知りうることは多いし、集団なら、その成員全員に簡単な質問票を配って回答を集めるより、その集団内部で、いろいろな意味で重要な何人かの人にじっくり話を聴く方が、その集団をある面ではより深く知ることになるだろう。その集団内部で一定の役割をもって活動したり、ある主張や運動のためにその集団のなかに飛び込んだ人の方が、期間は短くても、単なる観察者としてだけ長くいた人より、たとえ一面的ではあれ、その集団の本性を、より深く知ることもありうる。

自己（自文化）との関係で他者（他文化）を知るということをめぐって、デカルトも引き合いに出しながら論じてきたのは、いま大雑把に述べたようなことが、これまで西洋世界を中心に作られてきた人類学の根本に問題点としてあると思われるからであり、レヴィ＝ストロースの構造分析がもつ意味の一側面も、このような脈絡のなかで明らかになると考えられるからである。

レヴィ＝ストロースは、デカルトの「コギト」を終わらせることから出発していると言い、確かにそこに彼の人類学の発想の一つの前提もあるのだが、実際の探求でレヴィ＝ストロースがとった方法は、それにもかかわらず、主観を研ぎすますことによって普遍的な知に到達しようとする点で、極めてデカルト的なのである。ただ、レヴィ＝ストロースには、人間を、その精神活動まで含めて、究極において「自然」のなかに解消されるものとして見ようとする、いわば一元論的世界観への強い嗜好がある。このことは、あとでまた取り上げよう。

先に挙げた、他者を知ることをめぐる二つの軸のなかに、レヴィ＝ストロースの方法を図式化して置いてみるとすれば、彼の方法は、第一の軸においては「主観」に著しくかたより、第二の軸においては「質」に重要性を与える方法であると思う。認識における「主観」と「質」に重点を置く立場を極限にまで推し進め、それを二十世紀の学問の水準と思想状況のなかで精密化したことに、彼の構造分析の学史上の意義もあるのではないかと思う。

Ⅲ

「構造」という、言葉の上での共通性のために、レヴィ＝ストロースの研究は、しばしば二十世紀前半のイギリスの人類学者ラドクリフ＝ブラウンの研究と対比される。確かに、ラドクリフ＝ブラウンも「構造」（structure）という概念を研究の中心に置いていたし、さらに抽象度を高めた、時間を超えて持続するものとしての「構造形」（structural form）という概念も用いている。しかし、二人の研究者における構造の概念は、共通の場で比較することもできないくらい異なった基盤に立っているというべきだろう。

レヴィ＝ストロースが「社会構造」という題で彼の「構造」の概念を明確にした国際シンポジウム『今日の人類学』（A・L・クローバー編、一九五三年）に続いて、同年にS・タックス等が開催したシンポジウム『「今日の人類学」再考』でラドクリフ＝ブラウンが行なったレヴィ＝ストロース批判も、両者が議論として噛み合わないくらい、次元を異にしているように私には思われる。つまりラドクリフ＝ブラウンは、あくまで「実体」としての社会構造を問題にしているのだが、レヴィ＝ストロースにとっての構造は、「実体」の性格を解明するために操作すべき「モデル」なのだ。

ラドクリフ＝ブラウンの、長期の現地研究に基づく研究『アンダマン島人』Alfred L.Radcliffe-Brown, *The Andaman Islanders: a study in social anthropology*, Cambridge University Press は、マリノフスキーのメラネシア、トロブリアンド諸島での長期の現地調査の成果である『西太平洋の遠洋航海者』Bronislaw K.Malinowski, *Argonauts of the Western Pacific*.Dutton, New York と、奇

しくも同じ年、一九二二年に刊行された。研究対象とされた社会に長期間滞在して、土地の言葉を習得し、現地の住民と生活を共にしながら詳細な記録をとり、社会の諸相を、統合を持った全体として記述し、分析するという、以後イギリス社会人類学の基準となった研究態度は、この二人の調査によって確立されたといって良いだろう。

ラドクリフ＝ブラウンは、『アンダマン島人』ではまだ「構造」という概念をとくに問題にしてはいないが、それ以前のエドワード・タイラー、ジェームズ・フレイザー、W・H・R・リヴァースなどに代表されるイギリス人類学の、文化のある側面をとりあげて広い比較をしたり、人類という範囲で歴史上の発展を考えたりする傾向とは、はっきり異なる研究方向を打ち出している。すなわち、ある限られた社会を単位として、そのさまざまな側面や要素を、互いに関連し合った全体としてとらえるという研究方向である。

ここで気づくことは、ラドクリフ＝ブラウンもマリノフスキーも、他の社会から地理的に隔たって、かなりの程度まで閉鎖的な生活体系を形作っている島社会を研究対象にしていることである。人類学者にとって、現地調査、とくに初期の重要な調査体験は、方法や理論、さらに基本的な感受性と言うべきものの形成の上に、大きな意味をもっている。ラドクリフ＝ブラウンとマリノフスキーの、ある単位で構造と機能をもったものとしての文化の研究への志向が、こうした島社会を調査対象として選ばせたのか、その逆なのかは不明だ。マリノフスキーの場合は、第一次世界大戦という外部事情が、彼をメラネシアへの残留を余儀なくさせたという外的要因もあった。

しかし、彼らの方法や理論が、島社会の調査と不可分に結び合わされて形成されたことは確かであろう。そしてこの二人の大先達の直接の指導を受け、彼らの方法を受けついだイギリスの社会人類学者たちが、大陸のなかにある社会を研究したときにも、実際には非閉鎖的な文化の脈絡のなかに、多かれ少なかれ「島社会」を想定する傾向をもったことは否定できない。

例えば、彼らの直系の弟子でイギリス社会人類学第二世代を代表するマイヤー・フォーテスは、当時の英領西アフリカ、ゴールド・コースト（現在のガーナ共和国）北部タレンシ社会の父系単系血縁集団の精密な調査を行ない、それなりの成果を挙げたが、その全体は、タレンシをダゴンバ王国の下位集団として位置づけていない「島社会」としての切り取りの歪みを含んでいる。南部スーダンの「ヌアー族」を精緻に分析した、やはり第二世代のエドワード・エヴァンズ＝プリチャードについても、同様の傾向――だが、比較的短期間の調査での、分析の集約的精密化というプラスの面が強い――を見てとれる。

レヴィ＝ストロースにとっての構造の概念の形成は、やはり彼の初期の現地調査体験に負うところが大きいと私は思うが、「島社会」の発想とはまったく逆の、ブラジルでの広域調査の体験を基盤として生まれている。つまり、同じ要素の多様な地域による「変換」の様相を探るところから、基本的には共通の「構造」を発見しようとする指向だ。

レヴィ＝ストロースの後の大作『仮面の道（＝声）』や、『月の裏側』に収められた日本文化の分析では、とくに北アメリカ先住民が主な対象となっているが、このような変換に基づく構造の観念を形成する上で、アメリカ大陸は特権的な場を提供しているといえるだろう。つまり、比較的均一の人間集団が、一部海を経由しての渡来の可能性もあったにせよ、主に北端のベーリング地峡を通って東アジアから移住し、生態的条件においては著しく多様な地域に、比較的短期間に、拡散し定住したという事実である。

レヴィ＝ストロースの研究所での所員の研究発表を聴いたかぎりでも、アフリカの事例を用いた構造分析は、すべて失敗しているし、私自身アフリカ研究で構造分析を用いたことは一度もない。ただ、建国起源説話のきわめて大まかな図式、土地の住民を苦しめているもの（人間あるいは怪物）を、力のある外来者が退治して、土地の女性と結婚するという、モシ王国からサハラ南縁のスーダン地方を経て、東方のエディプス神話にまでたどりうる説話の基本構造の連続については、私がパリ大学に提出した博士論文にも触れているが、論文の主要な論点ではない。

このような広域調査に基づく、要素の変換と結び合わされた構造の概念の形成は、『悲しき熱帯』*Tristes Tropiques*, Plon, Paris, 1955 に詳述されているブラジルでの調査体験から、かなりの程度推定することができる。しかもこのような「構成要素の変換」を基礎とした構造の概念の成立にとっては、鋭い観察眼をもった広域調査は不可欠でも、「島社会」の精緻な分析のような、長期の集約的調査は不要だ。この点でも、レヴィ＝ストロースとラドクリフ＝ブラウンの「構造」の概念をめぐる論争は、基本的に噛み合わないのが当然であるといえる。

ただ、レヴィ＝ストロースのブラジルでの広域調査体験は、『悲しき熱帯』に述べられているとはいえ、この種の調査紀行に不可欠のはずの、日付、どこに何日について何日間滞在したかについての記載が一切ない。これは翻訳者としても不可解で、例えば一つの集団のところに最も長く滞在したと思われるナンビクワラの調査についても、調査の始めと終わりの日付けがなく、私は翻訳作業のあいだ、手紙で著者に問い合わせ、著者も当時のフィールド・ノートを参照してくれたが、明確な答は得られなかった。ただ、記述を詳しく検討した結果では、ナンビクワラのいくつかの集団を訪ねた期間を合計しても、せいぜい三週間で、博物館の資料収集を目的としたこの広域調査行では、一集団に割ける日数としては、このくらいが限度ではなかったかと思われる。人類学の調査記録に不可欠の調査期間を、一切明らかにしていない、けれども魅力のある対象社会の記述は、この著書の重要な特徴だ。

Ⅳ

このような方法論上の基盤に立って、レヴィ＝ストロースが行なった構造分析は、ではどのような成果を挙げたのだろうか。畢生の四部作『神話論理』を構成する『生のものと火にかけたもの』(一九六四年)、『蜜から灰へ』(一九六七年)、『食事作法の起源』(一九六八年)、『裸の人』(一九七一年)については、すでに多くの論評が出ているので、近年刊行され私が翻訳に携わった『月の裏側』*L'Autre face de la lune: Écrits sur le Japon*, Éditions du Seuil, Paris (原著二〇一一年、和訳二〇一四年刊行) に収められたものから、特に興味深い論考「因幡の白兎」をとりあげてみよう。

二〇〇二年、当時の私の勤務先広島市立大学での同僚だった篠田知和基氏の依頼で、篠田氏が編集する『神話・象徴・文学』Ⅱ (楽浪書院) に自由なテーマでの寄稿を、私からレヴィ＝ストロース教授に打診したところ、運良く既に執筆してあったこの論文を送ってくれた。

ただ、“Le lièvre blanc d'Inaba” という原題からして、和訳するには注釈が必要だ。フランス語では、野兎 lièvre と家兎 lapin を区別するが、日本語では単語での区別がない。また、『古事記』の原文では「素菟」と書かれていて、毛皮の色が白かったことを表すか、毛皮を剝がれた状態を指すかについては諸説ある。本居宣長の『古事記傳』にも「素」は「裸」の意味ではないかと述べられており、レヴィ゠ストロースが依拠した Donald Philippi (1968) の英訳でも"a naked rabbit"となっている（兎に関しては、Philippi は野兎 hare ではなく家兎 rabbit という語を用いている）。レヴィ゠ストロースも、標題以外では、この野兎について、「白」という形容は一切用いていない。

『古事記』上巻に「和邇」（此の二字は音を用ゐよ）と記されているものが、水棲爬虫類の鰐ではなく、出雲地方で鮫を今も「ワニ」と呼ぶように、軟骨魚の鮫を指しているとみる説が、従来日本人研究者には多かったが、東南アジアを視野に収めていた松本信廣（『日本神話の研究』東洋文庫一八〇、一九七一、その他）、折口信夫「古代日本文学における南方要素」（『全集』八、一九四三年）、西岡秀雄（「兎と鰐説話の傳播」上下『史學』第二九巻、第二号、第三号、一九五六―五七年）、小島瓔禮「稲羽の素兎考」（『國學院大學久我山高等学校紀要』三輯、一九六五年）などの研究者は、「因幡の素兎」説話の東南アジア起源を早くから主張していた。

そして何よりも、レヴィ゠ストロースも全面的に依拠している（私も原著を直接参照できた）、ドイツ人の日本研究者、クラウス・アントニの徹底した調査の成果『因幡の白兎：神話から童話まで』一九八二年（Klaus Antoni *Der Weisse Hase von Inaba. Vom Mythos zum Märchen, Münchener ostasiatische Studien*, vol.28, Wiesbaden, Franz Steiner Verlag, 1982）によって、「因幡の白兎」の西部インドネシア起源は、確証されたとみて良いと思われる。

レヴィ゠ストロース先生は、私が「文化の三角測量」について度々お話しするので、日本研究のための先生にとっての「ブンカノサンカクソクリョウ」（と日本語で発音なさっていた）は、氷河時代大陸と地続きだったスンダランド南部に当たる現インドネシア西部と、日本列島と、一万五千年前までは地峡だった現在のベーリング海峡を通って、日本からヒトがアメリカ大陸に移住して形成されたアメリカ先住民の伝承の比較だと仰っていた。

『月の裏側』で展開されている「因幡の白兎」解明の「サンカクソクリョウ」は、この三点を比較しての、壮大な企てだ。日本では消滅したか、他の多様な要素と結びついて変形された伝承の古い形が、アメリカ先住民の口頭伝承のなかにとどめられている可能性を示し、『古事記』では意味が分からなくなってしまった記述を、解釈し直そうとする。「あたかも、古い墓のなかの骨が、もうつながってはいないが、互いに近いところにとどまっているおかげで、それらが一体をなしていたことがわかるように、オオクニヌシの神話の諸要素が互いに近接し合っていることは、アメリカ神話におけるように、それらが有機的に結び合わされていたことを示唆していると言えるのではないだろうか。」（『月の裏側』六八ページ）何と胸のすくような、レヴィ＝ストロース流「文化の三角測量」ではないか。

V

レヴィ＝ストロース先生が挙げている、アメリカ先住民の伝承から、『古事記』の解釈に新しい光が投げかけられる例を、いくつか挙げよう。

「因幡の白兎」の物語には、南アメリカ先住民の伝えているものが、最も近い。敵対者に追われている主人公（時として女性）が、南米産のワニ、カイマンに、川を渡してくれと頼む。ワニは承諾するが、心のなかで悪事をたくらんでいる。ワニは主人公に、自分を侮辱するようにさせる（呑み込んでしまうのに、都合のよい口実だ）、あるいは侮辱したといって責める、もしくは、無事に到着した主人公は、ワニから逃れられると思って、実際に侮辱する。これらは、ウサギが岸に着くか着かないかのうちに、ワニをあざ笑って騙していたことを明かすという、日本で知られている類話に最も近い。

北アメリカには、はるかにスケールの大きい伝承が存在する。そして、因幡の白兎の物語が冒頭をなしている、一連のオオクニヌシノミコトをめぐる物語、オオクニヌシと兄との恋争い、オオクニヌシが課せられる危険な刑とそれからの脱出なども含む物語に示唆を与える伝承が、詳細に語られている。

ミズーリ川上流地域に定住し、トウモロコシの栽培と、野牛の狩りで生活していたマンダン族の、ある大神話のなかにこの挿話がある。

二人の兄弟が、さまざまな冒険を経たあと、トウモロコシの母である農耕神のもとにたどり着く。二人はこの神のもとで一年過ごしたあと、彼らの村に戻ろうとする。一筋の川が、ゆく手をはばむ。彼らは角の生えたヘビの背に乗って川を渡るが、ヘビの力を保つために食べ物を与えなければならない。さもなければ皆、溺れ死ぬ恐れがあるとヘビが言う。対岸にたどりついたとき、兄弟が土手に跳び上がると、ヘビは兄弟の一人を呑み込んでしまう。残った一人は、そこに居合わせたライチョウの勧めに従って、まがいものの食物を与えて、うまく呑み込まれた兄弟を助ける。ライチョウはその天の住みかに二人の兄弟を連れて行き、兄弟はそこで、ありとあらゆる武功を立てる。一年経つと、ライチョウたちは兄弟を彼らの村に連れ戻し、そこで毎年秋に、ライチョウを敬う祭をおこなうように命じた。

二つの点に注目すべきだ。まず、この神話は、三つのくだりから成り立っていることが分かる。第一のくだりは、農耕神のもとでの地上の滞在、第三のくだりでは、戦《いくさ》の神のもとでの天上の滞在が語られる。第二のくだりは、滞在でなく旅であり、水の上で展開する。

二つ目の点は、主人公たちの行動に関わるものである。農耕の神のもとでは、二人の兄弟は節度をもって振る舞わなければならない。狩りをすることは許されているが、こっそり、少しだけしかやってはならない。

一方、ライチョウの所では、彼らの行動は度外れなことが特徴だ。ほどほどにせよという、再三の忠告に耳を貸さず、彼らは怪物に立ち向かい、殺す。水は天と地の中間をなす要素であるから、水棲の蛇に対する二人の兄弟の行動もまた、節度と度外れの中間にあり、取引したり、騙したり、嘘の約束をしたりする。

このどっちつかずの振る舞いは、アメリカの神話においては論理的に必然の結果となっており、他の二つの行動から推測できる。そしてこれは、ワニに対する因幡の白兎の振る舞いでもある。意味のない些細な要素と思われるかもしれないが、アメリカの例では、全体のなかに統合されており、そのなかで意味づけをもっている。

『古事記』のなかで、因幡の白兎の話は「オオクニヌシノミコト武勲詩」とでも言える物語の、冒頭の挿話だ。そのあとの挿話で語られるのは、オオクニヌシとその兄たちとの恋争いで、これに敗れた兄たちは、仕返しに、死に至るような試練をオオクニヌシに課する。試練の一つは、特に注目に値する。兄たちは一本の木を切り倒し、斧で幹を裂き、楔《くさび》を打ち込んで縁を開く。そして弟を隙間に入らせて楔を抜き、幹が閉じて弟がつぶされるようにするのである。

ところで、他に類を見ないこのモチーフは、甥または婿を亡き者にしようとする伯（叔）父や義父が登場する、アメリカ先住民の神話に典型的なものである。

神話学者スティス・トンプソンが「楔の試練」と名付けたこの型の神話は、三十ほど採録されているが、アラスカ山脈とロッキー山脈の西側の地域に集中していることは、注目に値する。オセアニアと、日本と、アメリカのこの地域にある、この型の神話について、もう一世紀以上前に、人類学者フランツ・ボアズは、その起源がアジアの末端にあるという結論に達した。「楔の試練」についても、他の結論は考えにくい。

オオクニヌシは、兄たちの言いなりにされていたが、兄たちもオオクニヌシも求婚していた王女の好意を勝ち取る。このオオクニヌシと兄たちとの戦いは、多少の変形はあるものの、世界の神話のいたるところに見られる。そのため、普通に考えれば、この物語に特別の意味があるとすべきではない。しかし『古事記』では、気位の高い渡し手が登場し、主人公がこの渡し手と取引をしたり、騙したりして、助けてもらうという挿話が、この物語と結びついている。嫉妬深い親族（一人もしくは数人）が出て来るアメリカの神話でも、同様の結びつきが見られる。

つまり、こう考えた方がよいだろう。これらのバージョンは同じ一つの物語に、いくつかのモチーフの基礎を置いている。これらのモチーフは、日本では、異なった、単に近接しているだけの物語に使われている。例えばアメリカの神話で、兄嫁から濡れ衣を着せられた主人公が、湖のなかの無人島に置き去りにされる。彼は、水獣の力を借りて、陸地に送り届けてもらう。つまり、『古事記』ではつながらない（登場人物が同じでない）ように思われ、そのためにあれこれと模索がされたこの結びつきは、アメリカの神話のなかで、その動機が明らかにされているのである。

次に、オオクニヌシの武勲詩に続く、スサノオノミコトのもとで起こる挿話に移ろう。スサノオノミコトは、アメリカの神話でぴったり対応する神がおり、「邪《よこしま》な義父」、英語の分類符号では“evil father-in-law”と呼ばれる神話に登場する。最も広く知られている類話では、しばしば社会的に不遇か、奇蹟的な生まれ方をした若い主人公が、太陽の娘と結婚するために天界に昇る。スサノオは確かに太陽に関わる神格ではないが、スサノオが自らのために選んだ滞在先や、オオクニヌシが赴く場所は、疑いもなく「別界」の性格を示している。いずれにせよ、日本でもアメリカでも、主人公は目的の場にたどり着き、その別界を支配する者の娘に出会う。娘は彼との恋に陥り、父親のところに連れて行く。父親は結婚に同意するが、生き残れないような試練に遭わせて、婿を亡き者にしようとする。日本でもアメリカでも、主人公は父親に抗して夫の味方をする若い妻の呪力のおかげで、死を免れるのである。

日本と異なってアメリカでは、この一連の神話のなかに「渡し手」の挿話が、動機づけられた位置を与えられている。だが、そのことを示すためには、説明が要る。

北アメリカの神話では、渡し手はワニ（この地域での呼び名は「アリゲーター」だが）であったり、ツルであったりする。ワニは一方の岸から、他方の岸へと移動する。ツルは、それを呼ぶ者の反対側の岸にいて、脚の一本を歩道橋のように伸ばす。そして渡して欲しいと頼む者に、讃辞か贈り物を要求する。ツルが同意した場合には、自分の膝は脆いので、膝に当たらないようにと前もって教える。讃辞か贈り物を受け入れない場合、ツルは何も言わず、膝は衝撃を受けたかのように折れ、渡してもらっている者は水に落ちるのである。

ワニが、良からぬたくらみと見返りの要求のために、渡し手として半分の働きしかしないように、ツルも頼んだ者の一部しか渡さない。ツルはいわば半導体の役割を演じる。ある種の客は全く安全に運ぶが、他の者は運ぶのを中断し、溺れさせるのだ。

現在のワシントン州の太平洋岸に住む、サリッシュ語を話す先住民の神話の一つに、二人(数人の場合もある)の兄弟の末弟が、多くの愚行を演じる物語がある。不用心にも夕食に招いてしまった一匹の鬼に追われて、主人公は、とある川の岸にたどり着き、対岸に見つけたツルを呼ぶ。このツルは雷神で、主人公は助けてもらうために過酷な取引をしなければならない。雷神は結局、川を渡してやることに同意し、彼をもてなし、彼と結婚させるべく娘を与える。その上で、雷神は主人公がまちがいなく死ぬようないくつかの試練を課するのだが、その第一に「楔《くさび》の試練」がある。そして主人公は、妻のおかげでそれを乗り越える。

このようにして、「渡し手」と「邪な義父」は、『古事記』では隔たった場所で、別のキャラクターとして登場するのだが、アメリカの神話では、同一の人物になりうるのだ。

オオクニヌシの神話と、それと比較したアメリカ先住民の神話が、どの点で似通い、あるいは異なっているかがわかる。ここかしこに、同じモチーフあるいは主題の融合が認められる――気位の高い渡し手、嫉妬深い近親者、邪悪な義父、裂かれた木の幹の試練（そしておそらく良い忠告者としてのネズミ）。しかし、これらのモチーフあるいは主題を、日本の神話は並列しているのに対し、アメリカ先住民の神話は一つの物語に構成している。オオクニヌシの神話の諸要素が互いに近接し合っていることは、アメリカ神話におけるように、それらが有機的に結び合わされていたことを示唆していると言えるのではないだろうか。

そこから、結論として何が言えるだろうか。アジアの大陸部に起源をもつと思われる――その痕跡を探さなければならないが――神話の一体系が、まず日本に、次いでアメリカに渡ったことを、すべてが示しているようである。その体系は、日本の神話では互いにつながりはないが、物語のなかでは隣接し合っているさまざまな要素によって、見当をつけることが可能だ。アメリカでは、おそらく遅れて伝わったために、要素間の結びつきがより認められやすい。このような仮説に立てば、『古事記』に因幡の白兎の物語があることは、偶然ではない。それに先立つ、あるいはそれに続く挿話と関係がないように見えるにせよ、この物語はそれなりに一つの神話体系に統合されていることを示しているのではないか。その神話体系のアメリカの事例は、一つのアイデアを生むことを可能にしてくれる。

レヴィ＝ストロース先生が、生前知る機会がなかったと思われるのは残念だが、先に挙げた日本人研究者小島瓔禮さんは、前掲の論文で、シベリア東端カムチャッカ半島のギリヤーク人、コリヤーク人の間でも、狐がアザラシを騙して数を数えながら海を渡る物語が伝えられているだけでなく、焼け石を傷に差し込んで熊を焼き殺すコリヤークの話も、妻争いで兄たちが焼け石で大国主命を殺す『古事記』の物語に対応することを指摘している。

シベリア東端の民族にも、東南アジア起源のものと共通する説話があったということは、彼らの遠い先祖がベーリング地峡を渡って北アメリカ住民の先祖になったのだから、レヴィ＝ストロース流「ブンカノサンカクソクリョウ」の妥当性を、更に補強すると言えるだろう。

このような展望に立てば、スンダランド以来、日本人の先祖には馴染みが深かったはずのワニを、出雲人が直接見たことはなくとも、知識としては知っていたから、サメをワニと呼ぶ習俗も生まれたとする解釈も成り立ちうる。

私も気づいたことだが、日本で十三世紀末の正応年間からある、寺院・神社の拝殿で綱を引いて鳴らす音具の「鰐口」という名称も、大型爬虫類としてのワニを、日本人が直接見ていなくとも、知っていた証拠の一つと言えるのではないだろうか。

（1）Claude Lévi-Strauss "Jean-Jacques Rousseau, fondateur des sciences de l'homme", *in Jean-Jacques Rousseau*. Université Ouvrière et Faculté des Lettres de l'Université de Genève, La Baconnière, Neuchâtel, 1962: pp. 239―248.（塙嘉彦訳「人類学の創始者ルソー」山口昌男（編著）『未開と文明』、「現代の思想」14、平凡社、一九六九：二三九―二四八ページ。

（2）Jean-Jacques Rousseau *Essai sur l'origine des langues* (edition, introduction et notes par Charles PORSET), Ducros, Bordeaux, 1970: p.89.

（3）Ettore Biocca Yanoama. *Récit d'une femme brésilienne enlevée par les Indiens* (traduit de l'italien par G. Gabrini), Plon, Paris, 1968. しかし彼女は、こうして戻っていった白人社会の醜さに幻滅する。

「種間倫理を探求する構造主義者？」

渡辺公三によるレヴィ＝ストロース解釈

一九九六年に渡辺公三は、日本を代表する出版社の一つである講談社の「現代思想の冒険者たち」という三一巻の一冊として『レヴィ＝ストロース　構造』を発表したが、これは現在までクロード・レヴィ＝ストロースについて書かれた最も重要な本の一つであると私は思う。渡辺はレヴィ＝ストロースの著作の網羅的知識に加えて、レヴィ＝ストロースが日本で行なったフランス語では未刊行の三つの重要な講演も参照し、「自己同一性対他者性」、「構造主義的倫理」という二つの主題を設定して、独自の解釈を提示している。

京都立命館大学の文化人類学の教授である渡辺公三は、中部アフリカの旧クバ王国研究の専門家だが、同時に、ヨーロッパにおける人類学的思考の形成にも、関心を抱いてきた。彼の今度の本は、その長年の研究の成果だ。渡辺は『やきもち焼きの土器つくり』の翻訳（みすず書房、一九九〇年）や、レヴィ

＝ストロースが一九八六年に東京で行なった三つの講演の川田順造との共訳『レヴィ＝ストロース講義――現代世界と人類学』（平凡社ライブラリー、二〇〇五年）も刊行した。現在、『大山猫の物語』の監訳も進めている。

渡辺は今度の著書を準備する過程で、何度かレヴィ＝ストロースに会ってもいるが、ここでは著書の冒頭の部分を紹介し、渡辺自身にレヴィ＝ストロース流「構造」の概念について語ってもらおう。

渡辺はそれが、「私」の個我を重視することの拒否から生まれている点を指摘する。所与の要素間の関係の総体としての構造は、一連の変換を経ても変わらない。構造は他者をそれ自体として捉えることを許すが、私から出発して他者に到るのではない。このように、構造主義の操作を実現するためには、「私」は認識上の謙虚さへの配慮から、虚しくあるべきだ。「私」は、明らかに異質なものの混交した「他者」が出逢う場となる。あたかもロートレアモンの有名な一節、「解剖台の上でのミシンと雨傘の出会い」のように。

この言葉は、レヴィ＝ストロースの親しい友人だった画家マックス・エルンストの座右の銘でもあった。そして、この一節が鋭敏な芸術家たちの心にそれほどに訴えた理由を、レヴィ＝ストロースの構造分析は、『離見』所収のエルンスト論で明らかにする。

まず言語学的には、フランス語のミシン machine à coudre と洋傘 parapluie は、単語の組成の点で微妙な対をなしている。というのも、洋傘という単語は、par a pluie という三つの要素に分解され、その点でミシンと対比できる。ところが実際には後者は、para（〜を防ぐという意味の形態素）と pluie（雨）の二つの要素から成っているのであり、外見上の対比には、ずれが組み込まれている。

意味のレベルではいっそう明らかな対比がある。ミシンは縫うため（pour）、傘は雨をよける（contre、反意語として pour と対をなす）ためにあり、前者は布地に能動的に働きかけて変形させ、後者は水という物質に受動的に抵抗し、しかも両者ともに尖った端をもつとはいえ、傘の先は丸くて弾力のあるドームの上に乗っているのに対し、ミシンのそれは鋭く攻撃的で、下向きに置かれている。

さらに、ミシンは硬質な部品の連結から成り、なかでも一番硬いのが針で、布地を「貫く」のに対して、傘は布地で覆われており、雨が貫き通せないばかりでなく、雨自体が、硬質な部品ならぬ流体粒子の、連続ではなく並置から成っている。

つまり、この短い語句のなかには、内的／外的、硬質／流体、貫かれるもの／貫くもの、といったいくつもの対比が隠されている。物体としてもイメージの要素においても、ばらばらに解体しうるミシンと傘が、本来解体作業のためのものである解剖台の上で出会うことで、暗黙の対比を通じて互いに他を変形した比喩に変貌する。そこにこの一節が人の心を騒がせる詩的な秘密がある、とレヴィ＝ストロースは言う。

こうした構造分析の小手調べにも、意表を衝《つ》いた発見があることを認め、共感できるかどうかという点が、構造主義の感受性への評価の分かれ目の一つとなるだろう。それは、意外な対比とされるもの自体に価値を認めるかという点と、そのような対比が「秘《ひめ》やかな意味作用」すなわち意識されぬものの領域に関わるという視点を認めるか、という二つの論点を含んでいる。

いずれにせよ、こうして分析される「解剖台の上のミシンと洋傘の偶然の出会い」という一節は、実は誰よりもまず分析者自身の知的な感性の比喩となっているというのが渡辺の意見である。レヴィ

＝ストロース自身、思ってもみない領域の間に結びつきを見出す意表を衝く思考に惹かれることを、『やきもち焼きの土器つくり』の書き出しの部分で告げている。そして何よりも構造主義そのものが、のちに見るように、人類学と詩的言語学との、南北アメリカのインディアンの文化と先端的な構造言語学との、アジアやオーストラリアの伝統的親族関係の体系と現代数学の発想との、意表を衝く「出会い」から生まれたものだ。そしてその出会いが偶然ではなく、「秘かな意味作用」によって、レヴィ＝ストロースという透徹した分析的思考の解剖台の存在によって、可能となったことを私たちは考えるべきではないだろうか。

こうした視点が当たっているとすれば、ミシンと洋傘以上に、さまざまなものが解体され再構成され、それ自体は空虚で開かれた場である解剖台とは何なのかが問われることになる。

こうした「私」の謙虚さが、と渡辺は言う、自然から文化へという人間に固有の移行の、特権的だが無名の証人たちの声を聴くために、アメリカ先住民たちの神話のなかにレヴィ＝ストロースを沈潜させる。レヴィ＝ストロースはこれらの神話を、知的逸楽と修道僧の厳しさのうちに、とりわけ四部作の『神話論理』を書き上げるために捧げられた八年間、研究して来た。レヴィ＝ストロースは、同じ「新石器時代人」の知能を分けもっていたと言っていたアメリカ先住民たちに、明らかに、まさに語義通り深い共感を抱いていたのだ。

主観的「私」とそれに付随する「個人的自己同一性」とに固執することの拒否、他者を理解する努力、それらを達成する手段としての構造的操作などは、従って、分かちがたく結び合わされている。このようにして、渡辺の著書の最後の、「新石器時代の *Bildungsroman*（形成物語）」という共通の見出しでまとめられた二章、それぞれ「南半球の森から」と「北半球への旅」という個別の小見出しがつけられた、個人的自己同一性の否定の上に築かれた構造主義の倫理的側面に執着する第六章、第七章へとつづくのである。

個人のアイデンティティーという幻想

渡辺にとって、レヴィ＝ストロースの構造主義は、個人のアイデンティティーという、近代人を甘い夢で包んできた考えの、議論の余地のない否認だ。

おそらく個人のアイデンティティーという幻想が、「国民というアイデンティティー」という幻想を産み出し、こうした歴史の主体が、彼らの「国際社会」の枠外に置き去りにした人々を、まだ彼らの「個人のアイデンティティー」を得るに至っていないという口実のもとに、敢えて「未開人」と呼んだり、「歴史をもたない」と決めつけたりしたのであろう。構造主義は、こうした「未開人」のうちに、「他の人たちのような人々」を見ることを可能にする認識論の手段なのだ。

このような認識が可能であるためには、他者の場に身を置く（「われわれ」を「他の人たち」の場に置く）だけでなく、他者をわれわれのうちに受け容れる（「他の人たち」を「われわれ」の場に置く）ことを可能にし、「われわれ」と「他の人たち」が出会える場をしつらえなければならない。「レヴィ＝ストロースにとって」と渡辺は述べる、「人類学という領域がその場であるべき」であり、「この出会いが可能であるためには、われわれは、たとえ一瞬でも、われわれが意識的にせよ無意識的にせよ、われわれの本質だと見做していたものを、抛棄すべきだ」。

親族の研究において、構造主義的展開のおかげで、レヴィ＝ストロースは、他者との交換の体系、換言すれば人間社会における他者とのコミュニケーションの必要が、社会構造の基盤にあることを示した。『野生の思考』においては、自然における種の多様性を参照して人間が精練した思考体系を、レヴィ＝ストロースは分析している。人間世界の内部に樹立されているコミュニケーションの体系を改めて見直し、それを人間と自然の間のコミュニケーション全体の体系を構成する一部として位置づけようという試みであるといえる。

『神話論理』によって、と渡辺は書いている、神話を用いて人間がこのようなコミュニケーションを樹立したことを、レヴィ＝ストロースは示そうとしているように思われる。

このようにして、レヴィ＝ストロースの構造主義的探求が、われわれに見せてくれるのは、人間が人間世界内部でだけ「他者に向かう」のではなく、自然世界においても、ホモ・サピエンスという種を超えた「他者に向かう」姿だ。この観点からすれば、「個体」とは何であるかという問いが生じる。特に種との関係で自他を区別する、自者性／他者性が問題になるだろう。

『野生の思考』の有名な章「種としての個体」で、レヴィ＝ストロースは、「*Homo sapiens* という種に属する者すべては、論理的には動植物の一つの種どれかの構成者に比せられるが、それでいて、社会生活というものが、その体系のなかで奇妙な変形をひきおこしている。つまり、社会生活は、生物としての各個体それぞれに、人格というものを発達させるように仕向けるのだが、これは変種のなかの一つの見本を想起させるものではなく、むしろ一つの変種、ないしは種の一つと見做されるべきもので、これはおそらく自然のうちには存在しないものだ…あるいは「単＝個人」とでも呼べるかも知れない。」

一九七六年五月に、国会の「自由に関する特別委員会」に招かれて行なった発言に補筆した他の文章（「自由についての考察」レヴィ＝ストロース『離見』XXII章）〔みすず書房刊の三保元訳『はるかなる視線』は、lointain（はるかな）ではなく、意図的に引き離した意味の éloigné という語を使った題の、フランス語の理解としても初歩的な誤訳。川田が生前のレヴィ＝ストロース教授に直接確認したところでも、教授が敬愛する世阿弥の『花鏡』にある「離見の見」という言葉からとった題名なので、訳書の題も『離見』と直して欲しいと言われた〕でも、レヴィ＝ストロースは同じ議論を繰り返している（渡辺は「構造主義の倫理」の問題として引用している）。ここには、ヒトという種にとっての絶対的緊急課題である、自然の種たちとの倫理的な関係についての探求という、現在進行中の議論へのとりわけ貴重な貢献がある。

この文章の独自性は、レヴィ＝ストロースが、自由の問題を多様な種との関係で取り扱っているという事実だ。彼は書いている「…すべての動物と同様、ヒトも生き物を犠牲にして生存を保っている。だがこの自然な必要性は、それが個体を犠牲にして行なわれている限りでは適正だとしても、その個体が属している種を消滅させるところまで進めるべきではないだろう…。ヒトは道徳的な存在であり、その性質がヒトに固有の権利を生じさせているとわれわれが言うとき、社会生活というものが生物としての個体を、他の序列の尊厳に昇格させている」。レヴィ＝ストロースは続けて、「すべての生き物共通の存続のために、自然によって樹立された一般的関係の総体として」認知された自然の法則を対象とする、普遍的な合意が必要であると強調する。

残された作業は、この「自然の法則」の正当性と有効性を検討し、基礎づけることだ。『野生の思考』

の先に引いたくだりの後に、レヴィ＝ストロースは次のように述べている。「一個の人格が死んだとき消失するのは、思考と行為の総体から成っているが、それはすべての種に用いられている化学成分の単体から成る花の一種に含まれる総体と同様に、独占的で代替不可能なものだ」。この独自で代替不可能な人格の観念は、まさしく近代西洋の社会で発達したものではないかと問うて見るべきではないだろうか。（レヴィ＝ストロース自身、その直ぐあとに記している。「われわれの文明においては、各個人がその人格をトーテムとしてもっていた」）。渡辺と共に私は、ほぼ四半世紀前にレヴィ＝ストロースが、それより更に前から展開されていた種間関係についての議論に基づいておこなった提言の、先見性と示唆に富む性格を、強調したいと思う。その後、事態は著しく悪化し、毎年現存のおよそ二〇〇種が消滅していることは、周知の通りだ。

種間倫理を探求する構造主義者？

以下に述べるのは、渡辺公三の議論とはまったく独立の、付論としての川田の考えだ。「自然の法則」を問題にするとき、人間のための法則が考えられることが多いのではないだろうか？人間にとって極めて危険だった野生狼の日本亜種（*Canis lupus hodophilax*）は、一九〇五年に絶滅させられた。ＯＭＳ（国連保健機構）は一九八〇年に、痘瘡（天然痘）の根絶を宣言した。オンコセルカ症（回旋糸状虫症）を媒介するフィラリア（糸状虫）が地上からいなくなれば、人間は幸せだろう…。西ヨーロッパでは、十一〜十二世紀に森林を大量に伐採して人間の居住地を広げた。日本では徳川時代に、灌漑設備を整え水田を増して自然を著しく破壊したが、これは増大する日本の人口を養うために、必要だった。

このように、人間にとって常に好意的ではなかった「自然」をある程度まで制御することに成功した後では、今度人間は、人間の快適さのために、自然を保護することに努めるようになった。

だが、現在のわれわれに必要なのは、それがわれわれに利益をもたらすかどうかで物事を判断するのではなく（その時の「われわれ」とは誰か？）、それが「守られるべきことだから」守るという掟に従うことだ。このような態度は、私の見るところ、レヴィ＝ストロースによって定められた方向に進むことにほかならない。おそらく、彼の考えを、新しい条件と現在の知識によって、再検討することが必要なのであろう。

まず、家畜によって提起されている問題を、検討すべきだろう。生命への尊敬は全くなしに、産業的なやり方で大量に生産され、大量に消費されている家畜たちがいる。別の家畜たちは、ホモ・サピエンスの紛れもない伴侶として、人間社会はこれらの家畜たちのために美容院を作り、精神療法医や葬儀屋や弁護士を供給することを怠っていない。世界にどれだけの数の、何種類の家畜がいるかは不明だが、生き物の「種間倫理」について語る時、人間に役立てるために順化され、改良された動物たちが、無視できない位置を占めていることは明らかだ。生命工学の成果にもとづく人為的な介入は、これから更に顕著になるであろうし、クローン羊の出現などは、ほんの始まりに過ぎないだろう。

だが、動物を家畜化してきた人間は、人間自身も家畜化して来た。多少とも人為的に手を加えられた条件下でなければ、人間は生きられないようになってきており、形態上、生理上の退化や変形が認められる。新石器時代以来、生産性と効率性への配慮と、労働における苦痛を軽減したいという欲求にもとづいて、人間と家畜の間には、一種の共進化（co-évolution）があったと言ってよいと思われる。こうした状況は、環境の劣化、資源の枯渇、人口の恐るべき増加、飢えた人たちと過食者たちとの隔たりの増大など、現在から未来に向かう問題群の発生へと続いている。

歴史の流れのなかで、とくに近代以降、世界の変化にとって重要な役割を演じてきたのは、人間中心主義を奉じる人たちだった。元来人間中心主義は、私が「創世記パラダイム」と名付けている考え方、すなわち唯一神が己の姿に似せて人間を創って「産めよ、殖えよ、地に充ちよ」と命じ、それ以外の生き物を人間に役立てるために生みだしたという、旧約聖書の『創世記』に基づいた世界観だ。この考え方では「自然」は、人間にとって「解読」すべく神から授けられた、大きな「本」とみなされる。史的唯物論も、仏教や神道から見れば、神なき人間中心主義として、「創世記パラダイム」の一亜型に基づいていると見るべきだと私は思う。

技術における圧倒的優越と、人間中心主義の信念によって、西洋の近代人間中心主義は、長い間世界の政治思想の基盤となってきた。だが、人口増大と世界の歪んだ経済発展の現状から見て、「産めよ、殖えよ」が、もはや共通の合い言葉になり得なくなったことは、一九九六年カイロで開かれた「人口と開発」をめぐる世界会議を待たずとも明らかだ。かくて、天動説（地球中心主義）や自民族中心主義のあとに、いまや人間中心主義が問い直されなければならなくなった。それは私の意見では、「種間」倫理とでも呼ぶべき光の下で、構想されるべきものではないだろうか。とはいえ、人間にだけ基づいているのではない倫理を人間が考え、その法則を人間が考えること自体、問題となるだろうが。

このように述べてきたことに、レヴィ＝ストロース先生に同調していただけないだろうかと、私は不遜にも考える。というのも、『悲しき熱帯』の終章の、人類の思い上がりを根源から冷やすのに適したページに、この考えに響き合う言葉を見出すからだ。「世界は人間なしに始まったし、人間なしに終わるだろう」。

「種間倫理を探求する構造主義者？」について

この小稿は、レヴィ＝ストロースが主宰する社会人類学研究室（Laboratoire d'Anthropologie Sociale）の機関誌『人間』（*L'HOMME*）からの求めに応じて寄稿したものである。同誌第一五四号、二〇〇〇年（七五五〜七五八ページ）に、畏友渡辺公三氏の新著の紹介を主にして寄稿したものである。文章は発表当時のままで、日本人の読者の便宜のために、三個所小見出しをつけ、『創世記』の部分など最低限ことばを補った個所はあるが、論旨に関わることでは、二〇〇〇年以後の知見に基づく変更・加筆は、一切行なっていない。

本稿に挙げた刊行物に関しては、『現代世界と人類学—第三のユマニスムを求めて』（サイマル出版会、一九八八年）は、同じ訳者による全面的改訳に佐藤仁の解説が付き、『レヴィ＝ストロース講義——現代世界と人類学』、平凡社ライブラリー、五四三として、二〇〇五年に刊行され、レヴィ＝ストロース著、渡辺公三監訳『大山猫の物語』は、福田素子、泉克典訳により、みすず書房から二〇一六年に刊行された。

付論として書いた「種間倫理を探求する構造主義者？」について、本稿が刊行されたあと、私はレヴィ＝ストロース先生に、末尾につけた疑問符は取ってもいいでしょうかとうかがったところ、取って構わないというお返事をいただいたことを、付記して置く。

「性——自己と他者を分け、結ぶもの」から

レヴィ＝ストロース教授は、ヒトと他の生物種の関係についても、研究の最初期から強い関心を注いできた。その一つの方向は、本書（『近親性交とそのタブー』藤原書店、二〇〇一年）でも一貫して問題でありつづけた「己」ないしその延長としての「同類」と、「他者」の認知であり、オーストラリア先住民のトーテミズムを、他の生物種をかりてヒトを区分する分類体系として位置づける独創的な研究となった。もう一つの方向は、カニバリズム（食人習俗）とその拡大された形としての肉食の問題だ。いずれも、ヒトと他の生物の種とを広い意味での「同類」として、共通の視野でとらえるところから出発している。

他方、近親相姦のタブー（インセスト・タブー）についても、社会によって設定された「同類」の男性が「同類」内の女性を妻とすることを断念し、他の「同類」の男性に与えることによって、交換の範囲を広げうるという、交換論の観点から説明しようとした。それを世界の厖大な民族誌の検討か

ら理論化し、「限定交換」と「一般交換」の区別をはじめ、女性（婚姻）、財貨（経済）、情報（コミュニケーション）の三つのレベルでの交換の一部として婚姻を位置づけた貢献は大きい。大著『親族の基本構造』（一九四九年）に結集されたその理論は、本書の諸論文でも考察の基本的な参照枠とされているほどの影響を、半世紀あまりを経た現在も、もち続けている。

ところで、七年前にイタリアの新聞『ラ・レプブリカ』の要請で同紙にイタリア語訳で発表された、狂牛病についてのレヴィ＝ストロース教授の小論文が、昨年フランス語のオリジナル原稿で、フランスのある家畜愛護運動の機関誌に掲載された。フランスの一般読書人の目にもほとんど触れないこの機関誌掲載の論文のコピーを、昨年秋パリでレヴィ＝ストロース教授にお会いしたとき、教授は私の関心を知っていて渡してくれた。カニバリズムにまで広がる人類的視野の問題を、レヴィ＝ストロース教授一流の知的諧謔を交えた筆致で論じていて、そのまま私の手元にだけ置くのは惜しいと思った。折しも、教授の名著『悲しき熱帯』の旧訳が新しいシリーズで中央公論社から刊行されるときでもあったので、月刊誌『中央公論』四月号に、私が和訳し短い解説をつけて掲載した（「狂牛病の教訓」）。七年前に書かれたこの論文で、レヴィ＝ストロース教授は、狂牛病は人間がウシに共食いを強いた報いであり、節度なく拡大されたカニバリズムを反省すべきときが来ていると、人類の驕りを戒めている。

日本ではまだ狂牛病は発見される前だったが、この短い論文が提起する広く深い問題は、予想しなかった大きな反響を呼んだ。本書のいくつかの論文も、これを引用している。今の私の議論とのつながりに限っていえば、レヴィ＝ストロース教授はこの論文で、食と性の規制における「同類」設定のあり方を重ね合わせて捉えようとしており、人間にとって根源的なこの二つの欲望は、世界の多くの俗語でも共通の寓意で表現されていることを指摘している。この食と性の重なり合いが、社会によって異なるやり方でいかに分節されるか、つまり「同類」の範囲がどのように設定されるかは、生物の個と類のパーペチュエイションへの社会の規範がどのように定められるかということであり、それは私たちのシンポジウム、そしてこの本の、根本課題に他ならない。

「狂牛病の教訓」のオリジナル原稿をいただいたときも、翌年四月にこの学際的シンポジウムが企画されていることをお話したのだが、先にも述べたように、本書の草稿がぎりぎりで出揃ったとき、私がパリへ行く機会があり、直前だったが電話で面会をお願いすると、私の希望した日に、快く自宅での夕食に招いて下さった。かつては、パリ十六区のシックなアパルトマンにある教授宅のダ食会は内外の学者や芸術家が招かれてサロン風に賑やかだったが、現在満九十三歳の教授は、数年来、ごく限られた近親者と私などしか自宅の食事には招かないという。その意味では、私は以前の「サロン」にも加えられていたが、今度は近親者と同じ「同類」に入れられたのであろう。早めの夕食のあとたっぷり一時間、教授は書斎で向かい合って、私の話し相手になって下さった。

先に述べたこと以外での、この議論に関わりのある教授のお話を二点にしぼって記せば、次のようになる（レヴィ＝ストロース教授は、最新の内外の文化人類学、ボノボ研究を含む霊長類学の研究成果は勿論、近親相姦の実録秘話といった類の通俗読み物にも、実によく目を通しており、衰えない知的好奇心の旺盛さと記憶の明確さには圧倒される）。

［1］霊長類学の研究成果は、それ自体として尊重すべきものではあるが、サルの意識や規範が明ら

かにできない現状では、ヒトの近親相姦のタブーの解釈に根本的な変更をもたらすとは思わない。

（川田コメント――私も確かにその通りだと思う。ただ、今何か結果が出ているのではないし、明確な見通しもすぐにはもてないが、例えば本書で小馬徹さんが出しているようなボノボ的な性行為の志向性というものを、当面は彼らの意識や価値観は知り得ないままに、広い意味でヒトの問題を考える参考とすることはできるのではないか。だがそれには、先にも述べたように、ボノボ社会の営みを「異文化」として研究する方法を模索することが、先決かも知れない。）

［2］人類に普遍的なのは、インセスト（近親相姦）のタブーではなく、インセストだ。それには二つの種類がある。弱者のインセストと強者のインセストだ。弱者のインセストは、実録秘話などにも描かれているような、庶民の日常的な場で明確な意図なしに、ふとした成り行きで起こるもの、あるいはごく近い肉親間のインセストでないまでも、同じ村内で気心が知れているとか財産の分散を防ぐためなどで起こる。強者のインセストは、古代から王族などがその聖性や特権を保持するために、あるいは政略的に、意図して行なわれるものだ。ヒトの婚姻は、基本的にはすべてインセストであり、ただその度合いを、ヒトは社会によって異なるやり方で決めて規範化しているに過ぎない。南フランスの古い箴言にも「結婚するなら村うちで、できればそれも近所同士、もっといいのはウチ（maison）のうち」というのがあるが、弱者のインセスト願望をよく表わしている。

（川田コメント――インセスト・タブーを交換論によって理論化した学者としてのレヴィ＝ストロース教授の裏側というより、その理論の大前提になっているものを、私たちが本書で問題にしたことを聞いたうえで、ややユーモラスに示してくれたというべきだろうか。人類に普遍的とする二種類のインセストの考え方なども、多くの示唆を含んでいるし、こういうことを当意即妙でよどみなく話すレヴィ＝ストロース先生は、やはり大変な学者だという思いを新たにした。）

2

Recueil général des écrits

sur Claude Lévi-Strauss

二十二年ののちに

レヴィ＝ストロースにきく

——『悲しき熱帯』の川田による全訳（一九七七年、中央公論社）刊行にあたって——

『悲しき熱帯』の原著 *Tristes Tropiques* は、一九五四年十月十二日から翌年の三月五日のあいだに書かれ、一九五五年秋、パリで出版された。あらためて言うまでもなく、これは記録文学の傑作として世界にすでに高い声価を得ている作品である。フランス語で書かれた原著が、初版後二十二年たった現在まで毎年のように版を重ね、この種の本としては驚異的なロングセラーを続けているだけでなく、十四の外国語に翻訳されて、それぞれの国で愛読され注目されてきた。

記録文学、さらに限って言えば、文化人類学者がいわゆる「未開」社会での体験を綴り、そこに著者の考察や感想を織り込んだ著述は、これまで世界中で夥しい数のものが上梓されている。しかし『悲しき熱帯』には、凡百の類書のように、著者の体験の特異さと、学者という装いを脱いだ著者の情感のなまなましさとに縋って、読者を惹きつけようとするところは微塵《みじん》もない。この本には、そうしたものを遙かに超える、或る普遍的な価値にまで達した一個の作品としての通用力があり、だからこそ、長い年月にわたって世界に熱読者を得てきたのだろうと思う。

一九三〇年代のブラジル奥地での豊かな体験のかずかず、ユダヤ人としての第二次大戦中のアメリカへの脱出の思い出、少青年期の回顧、インド、パキスタン、現在のバングラデシュを訪れた時の印象などが、著者の強靭な筆によって、個別の体験や感想から、人類史の一断面を見る思いさえする一連のタブローにまで高められている。十五年の醸成のあと一気に書かれたこの本は、上等な木の樽の中でたっぷり時間をかけて濃《こく》と香りを身につけた酒のように、辛口でありながら豊かなひろがりをもった大人の読み物だ。そしてその全体を、暗いセピアのような色調で彩っているのが、自伝ないし民族学者の告白としての、これもまた魅力に溢れた側面なのである。己《おのれ》を語ることへの嫌悪と、それにもかかわらず敢えてそれを試みようとする自己との軋轢《あつれき》、逡巡――密度の高い文章に托した韜晦《とうかい》のうちに、それを一つの肯定にまでたかめてゆく第一部に始まって、自己の思想形成のあとを振り返り、或る時はアマゾンの奥地で、コルネイユの『シンナ』のパロディーを通して粉飾された自画像を描き、一匹の猫と交す瞬《まばた》きへと収斂してゆくこの絢爛たる長篇の散文は、二十世紀前半の地球に生を享《う》けた、卓越した一見者《ヴォワイアン》の手記とみることもできるかもしれない。だがこの「手記」は、著者の実在との律義な密着に支えられた「私記」や、ありのままと正直を尊ぶ日本的感性とは、何と異質なものの上に成り立っていることだろう。

まず、時間の秩序を無視した、というより敢えて交錯させた重層的な叙述。空間の秩序においても、可視的な対象を一旦分解したあとで、知的に一つの新しい実在を再構成してゆく叙述。言葉と言葉の破格な結び合せ。言葉の多義性を通しての意味の啓示。ときに、曖昧な語法によって、観念はかえって厚みを帯びて定着する。そして、隠喩と換喩のふんだんな使用――これは、単なる修辞上の技法ではなく、レヴィ＝ストロースの世界把握の方法の根本にもかかわるものであろう。『野生の思考』に鮮かに用いられている認識の方法としての隠喩と換喩は、人文科学におけるいわゆる実証主義、経験主義の方法とは対照的なもので、後者の方法によっては明かにできない次元に隠れていたものを、一挙に発《あば》いてみせる力をもっている。ブラジルに生きる白人や、行動を共にした人たちの姿も、時に戯画化されながら克明に描き出されるが、それでいて、ブラジルへ同行し、調査に大きな貢献をしたといわれる著者の最初の夫人については、この長篇全体の中でただ一個所、その存在がほのめかされているにすぎない。それにしても、観念の世界を描く著者の筆の、時に重苦しいまでの克明さにくらべて、可視的な世界の記述の、何としばしば具体性を欠いていることか。事物の時間・空間の中での位置や展開、物の作り方についての記述には、どれほど注意深く読んでも、私には結局解らなかったところが何個所もある。隠れた次元に向って異常に発達した感受性を通して、この著者は、常人とは別の世界を知覚しながら生きているのではないかとさえ、時に思いたくなる。

一方、この作品は、レヴィ＝ストロースの文化人類学者としての自己形成の過程と、その後彼が創りあげた学問の性格の幾つかの側面を、ありありと見せてくれる。レヴィ＝ストロースがブラジルで数年にわたって行なったのは、ラドクリフ＝ブラウンやマリノウスキーが範を示したような、一つの社会についての集中的な調査ではない。当時のブラジル奥地では、長期間のインディオ社会への住み込み調査は不可能に近かったという現実的な制約もあったであろうが、レヴィ＝ストロース自身、一つの社会とそれを構成する個人をあらゆる角度から徹底して理解することに努めようという志向を、初めからもっていなかったように見える。ここに記述されているのは、個々のインディオの集団については、長い間の人間関係の中で繰り返し咀嚼《そしゃく》され、考え直され、訂正され、確かめられて定着した理解ではない。既存の文献資料の吟味がどれほど入念であり、また観察そのものがたとえどれほど鋭くても、むしろ旅の見聞に近いものである。多くの人類学者にとって、形成期の数年をかけた異郷での調査体験から得られたものは、彼の学問を築く基礎となり素材ともなるのだが、レヴィ＝ストロースの場合は、彼自身が現地調査で得た資料は、その後の彼の研究に驚くほど僅かしか用いられていない。ボロロ族、ナンビクワラ族などについて、論文形式で二、三別に発表された考察も、その最良の部分はすべて『悲しき熱帯』の中に再録されており、本書は、レヴィ＝ストロースがブラジルの現地調査で得た民族誌的知見の、集成であると言ってもよいのである。レヴィ＝ストロースのブラジルでの体験は、資料を蒐集する行為としてよりは、彼の文化認識の方法――というよりもっと根本的な、文化人類学者としての感性――を形作る上で、特に意味をもった（そのことは多くの文化人類学者の調査体験について言えるのだが）ように思われる。レヴィ＝ストロースの学問的著作に接している読者は、その方法の原型を、『悲しき熱帯』の記述のいたるところに見出すに違いない。

一つは、空間的にも時間的にも連続した拡がりをもつ実体としての文化の概念であり、それだからこそ、そこに人為的な断絶をもたらすべく適用される構造の概念は、あくまでも知的操作のモデルとして理解される。ブラジルでの広い地域にわたる調査旅行（当時レヴィ＝ストロースは、構造主義とはおよそ対蹠《たいせき》的に考えられるかも知れない、伝播主義の文化理論にも深い関心と理解をもっていたと言われるが、そのことは本書『悲しき熱帯』の記述にも随所に表われている）と考古学的関心の中で、レヴィ＝ストロースが文化の概念を培ったのに対して、集中的な調査と、歴史への懐疑と、実体としての構造概念の先駆者となったラドクリフ＝ブラウンとマリノウスキーの調査が、いずれも大洋の中の小島で行なわれたことは興味深い。後に、アフリカ社会というような広大な文化の連続体の中で現地調査を行なったその弟子たちも、大陸の中に「島」社会を設定することを研究の出発点にしたようにみえる。こうした見方にとっては、フォーテスにおけるように、社会構造が実体としての所与であることは疑う余地がなかったのであろう。だが、こうした空間的にも時間的にも限定された対象の集中的な理解が、確かに文化研究の或る面での精密化に貢献した一方で、一種の認識上の不具を露呈していることも明かだ。

第二に、文化を、一つの単位をなした総体として経験的・実証的に満遍なく捉えるのでなく、文化の幾つかの徴候の吟味を通して隠れた意味を解読してゆこうとする、これも構造主義の一つの基本となった態度がある。複数の異なる文化のあいだでの、徴候の対置や転換によって、あるいは、表面的にはかけ離れているように見える徴候同士を、思いがけない遣り方で接近させ、あるいは重ね合せることによって意味を発見するという操作は、『悲しき熱帯』の随所に展開されている。様々な文化との短期間の接触の中から、鋭い感受性と洞察力（この点で、レヴィ＝ストロースがいかに恵まれた資質を具えているかは、本書でも明かだ）によって、指標となるべき徴候を見出してゆく習練を、レヴィ＝ストロースはブラジルでの広域の調査旅行の過程で積んだようにみえる。ただしこうした方法が、研究者の特殊な才能を必要とし、しかもその適用に大きな制約と危険が伴うことは、本書の記述からも明かに読み取れる。時にそれは、断片的な資料の過剰解釈ともなり、研究者の論理の整合性が、対象に内在する構造と、そのまま同一視されかねない。

＊　＊　＊

この著作に初めて私が接したのは、東京大学の教養学科に新設されたばかりの文化人類学分科に進学して間もなく、研究室の、まだ数少なかった図書をあれこれと手にとって見ている時だった。いま考えてみると、原著がフランスで出版されて二年後だったはずである。一読して、私はその魅力に眩惑される思いだったが、その頃の私の、今よりも更に幼稚だったフランス語の理解力では、著者が表現しようとしていることの十分の一も読み取れなかったに違いない。

レヴィ＝ストロースの名は、当時、日本でも欧米でも一般にはほとんど知られていなかったと思うが、文化人類学の分野では『親族の基本構造』や、初め英語で発表された「社会構造」（後に「民族学における構造の観念」という題で、著者自身がフランス語で書き直し、『構造人類学』に収録された）などによって、すでに令名が高かった。東京大学での私の恩師であった故石田英一郎先生、故泉靖一先生も、レヴィ＝ストロースを高く評価して教室でもテキストとして使い、日常の雑談でもよくとりあげておられた。とくに、ブラジルの調査からお帰りになって間もなかった泉先生からは、私は『悲しき熱帯』が優れた著作であることを繰り返しうかがったが、十年後に、泉先生のお勧めで、私がその一部を翻訳（中央公論社発行の「世界の名著」の一巻としての、原著の半分以下の部分訳）する廻り合せになろうとは、その頃は思ってもみなかった。

大学院の学生時代、フランスに留学してレヴィ＝ストロース教授の講義やセミナーにも出席し、教授に直接教えを受ける機会も何度かあったが（それは一九六二年から六五年で、一九六二年の夏から秋に発表された『今日のトーテミスム』、『野生の思考』が大きな反響を呼びつつある時だったが、その年の冬の、後に『神話論理』第一巻にまとめられたコレージュ・ド・フランスの公開講義でも、受講者は少数にすぎなかった）、私が研究課題としていたアフリカの政治組織の研究では、私はジョルジュ・バランディエ教授に指導を受けていた。バランディエ教授とその弟子たちは、フランスの文化人類学・社会学における最も強い反レヴィ＝ストロース、反構造主義のサークルを形作っていたが、フランスの学問的環境の自由さと外国人としての身軽さのお蔭で、私はレヴィ＝ストロースの講義も聴き、レヴィ＝ストロースの研究室にも何人も親しい友達がいた。

だから、私が後に構造主義の方法に批判をもつようになったのも、フランスの学界の派閥の絆によるものではなく、自分の研究課題とのかかわりで私なりに到達した見方のためである。レヴィ＝ストロースの学問上の方法について私なりの疑問と批判はあっても、教授の人柄とそのスケールの大きい学問の幾つかの側面には、私は深い尊敬を抱いているし、何よりも、私のささやかな探求の過程で受けた学恩の大きさを否定することはできない。

私が結局十二年もかかって翻訳することになった『悲しき熱帯』についても、その一部に述べられている考えに、私は否定的な意見を発表したこともあり*、そのほか、この著書全体を貫く、南アメリカのインディオの文化を侵蝕するものへの怒りやインディオに対する道義的姿勢とは裏腹な著者自身の幾つかの行動の叙述、二、三のあまりに飛躍していると思われる考察、部分的な事実の誇張や一般化、明かに前後矛盾した幾つかの叙述等には、私は今も疑問を抱いている。だが、そうした或る意味での粗《あら》さや自家撞着も呑み込んだ吐露感と、線の太い力がこの著作にみなぎっていることも確かで、その作品としての全体と文章表現に対する強い愛着があったからこそ、十二年来、『悲しき熱帯』の原著を持って、ヨーロッパ、アフリカ、時に日本を転々とし、翻訳という作業の絶望的なむずかしさに何度となく筆を折りたい思いを重ねながら、ともかく訳し終えることができたのだと思う。

＊　本書「28　文字の教訓」に述べられている、文字が人類史に果した役割についてのレヴィ＝ストロースの見解を、私は『無文字社会の歴史』岩波書店（二一六―二二一ページ）で全面的に否定した。これは日本語で発表されたため、私は批判の内容をフランス語で書き直してレヴィ＝ストロース教授に送り、反批判を求めたところ、教授からは折り返し手書きの丁寧な返事が届いた。私信なので文面の訳出は差し控えるが、要旨は――あなたの批判はすべて正当だと思う、しかし『悲しき熱帯』は追憶の入り混った夢想であり、科学的な理論を提示しようと意図したものではないことを理解して欲しい、従ってそこに述べられている考察の幾つかに対して異議を唱えられてもやむを得ないと思う――ということであった。ただ、文字についてのこの章は、よく肯定的に引用もされ、レヴィ＝ストロース自身も、他の問題でマルクス主義者マキシム・ロダンソンの批判に答えた別の文章（『構造人類学』所収）で、文字についてのこの考察を、「文字の起源についてのマルクス主義的仮説」であり、「弁証法的唯物論にもとづいた原住民文化の上部構造の解釈の試み」と自己評価してもいるので、私はやはり、私なりの批判点を明確にしておいたことは妥当だったと考えている。

その間、中央公論社の担当の編集者も三人交代し、私の怠慢と我儘から、それぞれの方に大変な迷惑をかけた。それでも何とか一応の終点に辿り着くことができたのも、三人の編集者の忍耐強い督励のお蔭である。一九六五年～六七年に訳し、一九六七年に部分訳として出版されたものも、一九七一年に原文と照合して全面的に訳し直し、今度また大幅に手を加えた。残りの部分は、二度目のパリ滞在中やアフリカでの数年の調査の合間、あるいはアフリカで自動車事故で負傷してフランスの病院で療養していた時とか、日本での再手術後の入院中など、バラバラに千切った原著の一部を持ち歩いたり、新しく買ったりして、そのときどきに前後の一貫性なく訳したために、苦心して訳しておきながら原稿を紛失し、後で訳し直した章もあり、十二年のあいだには私自身のフランス語の読み方や日本語の好みにも変化があり、全篇にわたって満足のゆく統一を与えることは不可能だった。翻訳に慣れた人なら、もっとすらすらと訳してしまったに違いない。フランス語にも翻訳にも自信のない私は、まず、書き直しや挿入で蜘蛛《くも》の巣のようになった第一次の訳稿を作る。妻が一旦清書し、それをかなりの日時、ときには何年もほったらかしておいてから、先に原文を読んだ上で照合して、ほとんど原形を留めないくらいに書き直し、それをまた妻が清書し、そのあと通して読んでみて筆を加え、最終的な訳稿を作る。編集者に原稿を渡してからも、炯眼な編集者の意見を取り入れて修正した個所は多い。校正の段階でも直したくなるだろうし、それでもまだ、誤訳はいたるところにあるに違いない。

勿論、重要な疑問点については、何度かレヴィ＝ストロース教授に直接お目にかかって説明していただいたし、文通で教えていただいたところも多い。多岐にわたる内容の理解や日本語による表記の仕方については、日本人、フランス人、ブラジル人と、自分でも呆《あき》れるくらい多くの方々を煩《わずら》わして御教示を仰いでいる。だが、長いあいだ断続して作業を進めるにつれて、自分のフランス語と日本語の未熟を感じる度合いだけが強まり、それに、どんなに頑張ってみても、翻訳とは所詮、双曲線と軸のように決して交わることのない近似的な作業に終るという、自明の事実についての絶望感が募ってくる。自分で文章を書くときは、私も直接かける時間としては短い時間で一気に書いてしまうことが多く、文章には吐露感とリズムが大切だと思ってはいるものの、この翻訳に関する限り(前に、同じレヴィ＝ストロースの『構造人類学』の約三分の一に当たる部分の翻訳を分担した時は、何度も読んでいた論文形式の平明な文章のことでもあり、短時日で訳了した)、原著の驚異的な速筆に対して、訳文の方は馬鹿馬鹿しいという他はない遅筆ぶりだった。

そうこうするうち、未完の訳稿を抱えたまま私も馬齢を加え、訳し終えた今年の春には、レヴィ＝ストロースがこの本を書いた四十七歳にあと五年で届くという年齢になってしまった。それでもなお私は、この著者のフランス語の老成した手応えを日本語に移し替えるには遠く及ばず、自分の老い足りなさに足摺りしたいほどのもどかしさを覚える……。

＊＊＊

今度アフリカへ出かける前にはどうしても終らせようと思っていた全訳の原稿を編集者に渡したあと、アフリカでの一年の調査生活に向う途中、三月に立ち寄ったパリで、私はレヴィ＝ストロース教授にお会いし、文字通り何度目かの正直で、今度全部の訳を終えた旨をお伝えした。十年前の部分訳の時も、教授は日本語版のために「日本の読者へのメッセージ」を寄せて下さったが、この機会に、原著が書かれてから二十二年、前の日本語版への序文から十年あとに、この本についての、また、この訳書が刊行される日本についての、原著者自身の感想を語ってもらった。

私の日本出発の日が直前になって延びたため、初めお願いしてあった日を変えていただいたにもかかわらず、コレージュ・ド・フランスにある、教授が主宰する社会人類学研究室で、教授は快く対談に応じて下さった。一昨年秋、アフリカからの帰途パリでお会いした時には、思わずはっとしたくらい老け込み、往年の獰猛な面影の失せた白いお爺さんになったという印象を私は受けたが、今度お目にかかってみると、若返ったとしかいいようがないほど生気に溢れ、近づいた日本への旅行を、子供のような無邪気さで楽しみにしている様子がありありと感じられた。聴覚、視覚、味覚とともに嗅覚の楽しみを愛するレヴィ＝ストロース教授のために、私が日本から持っていった煉り香を差し上げると、日本では贈り物をすぐ開けてみるものではないんですってね、とおもしろそうに言い、私が釈明しながら、香の焚き方を説明するつもりで包みをあけると、早速両手にとって匂いをかぎ、今度の週末に田舎の家の暖炉で焚いてみましょうといかにも嬉しそうだった。香の焚き方は勿論よく知っていて、香合について、源氏物語などを引いて、日本についての博識ぶりを茶目っぽく披露してもくれた。

昨年レヴィ＝ストロース教授と対談した山口昌男氏から、教授はたいへん疲れやすくなっているので長時間の対話は好まれないようだと伺っていたので、また、私が一昨年お会いした時の印象からもそう思われたので、私は遠慮して、録音を取って公表する対話を三十分くらいに限り、話題も気楽なものにしたいと前以って手紙でお伝えしておいた。ところがお会いしてみて、想像していたよりずっとお元気であることがわかり、一旦話し始めると、はりのある、抑揚のしっかりした、前と変らないあの闊達な声で、身をいれてお話して下さった。三十分以内という積りでお話を伺い始めた私は、途中から、これは遠慮しすぎたかなとも思ったが、私の方から申し出たことでもあり、三十分を少し越えたところで一応録音は打ち切ったが、その後も一時間近く、また三日後にも三十分余り、快活に、ときどき持ち前の諧謔を混えては、いたずらっぽく顔をしかめてみせる独特の表情でお話して下さり、日本語版の全訳に入れる肖像写真を私が撮るためのポーズの注文にも、気軽に応じて下さった。

昨年暮に、ブルゴーニュのレヴィ゠ストロース教授の田舎の家で、一緒に散歩しながらお話したという大橋保夫氏に、日本を出る直前電話で伺ったことだが、それにまた、今度パリに来てレヴィ゠ストロースの研究室の友人からも聞いたことだが、昨年秋くらいから、レヴィ゠ストロース教授は見違えるように元気を回復されたらしい。一昨年、私がお会いした時には、『神話論理』四巻に全力を傾注し尽した後の疲れがまだあり、親しい人の話でも、極めて神経質であったという。教授の学究生活における大きな関心の一つであった北アメリカ北西海岸の彫刻についての『仮面の道』も一昨年出版され、コレージュ・ド・フランスの講義もあと数年で終り、国際交流基金の招待による日本旅行も真近かに控えて、レヴィ゠ストロース教授はいま、静かな解放感と寛ぎを味わっておられるようにみえた。

以下に書き写すのは、去る三月二十二日の午後に伺ったレヴィ゠ストロース教授のお話の和訳であるが、この録音を聞きながらも、この碩学の打てば響くという形容のぴったりする鋭い応答ぶり、主張のはっきりした、それでいて少しも押しつけがましさのない話し方、いかにも自在に、かなりの速さで話していながら、そのまま書き取っても、ほとんど無駄のない整然とした文章になっている言葉と思考の明断さに、私は改めて舌を巻く思いだった。

＊　＊　＊

川田　先生が五ヵ月足らずでお書きになったものを訳すのに、私は十二年かかりました。

レヴィ＝ストロース　翻訳の方が原著よりよく書けているのではありませんか（笑）。

川田　先生は、いつもかなり速くお書きになるようですね。

レヴィ＝ストロース　いえいえ、そんなことはありません。この本は、御承知のように速く書きました。というのは、私はこの本を書くことに乗り気でなかったからです。これは、私の仕事の予定の中にはまったく入っていませんでした。ところが、出版社のプロンから依頼を受けて私もこの本を書くべきだという気になり、それならできるだけ速く書き上げて学問的な仕事に戻ろうということで、躊躇《ためら》いと腹立ちのうちに書いたのです。

川田　『野生の思考』も、ずいぶん速くお書きになっていますが……。

レヴィ＝ストロース　『野生の思考』と『今日のトーテミスム』は、これとはまったく違う事情で速く書きました。コレージュ・ド・フランスで講義したことだからです。よく私がすることですが、まず講義をして、その後で講義のノートをもとに書いたのです。勿論、書いたものは講義で話したものと同じではありませんが、材料はもう集めてありましたし、講義ノートもあるわけです。ところが『悲しき熱帯』は、まったく私の職業生活から外れたものとして書いたのです。

川田　『悲しき熱帯』が初めて出版されて二十年余り経ちましたが、いま先生は、この本に対してどんな感想をおもちでしょうか。

レヴィ＝ストロース　私は自分の書いたものを決して読み返しません。興味がないし、うんざりするのです。ただ、訂正のために必要なところだけ読み返すことはあります。あなたも指摘されたように、この本は急いで書いたので、フランス語の誤りがたくさんあります。

フランス語の原稿誤記あるいは印刷の際の誤植は、版を改める度に直されているが、それでもまだあちこちにあり、念のためレヴィ＝ストロース教授に直接伺って誤植であることを確かめた個所もある。また、内容的に前後矛盾する表現や年代があり、レヴィ＝ストロース教授も、用語の不適切や年代の誤りを認めて、原文を変えた上で和訳することを了解して下さった部分もある。あちこちにある慣例を破った言葉の用い方も、修辞上ほとんど無意味としか思えないこともあり、中には書き違いもあるかも知れない。ただ、例えば『リットレ』を始めあらゆるフランスの大辞典にも出ていず、フランス人の相当の知識人に訊ねてもどうしても分らなかった単語 égrénure が、骨董の用語で、「古い皿の縁《ふち》にできた小さな欠け」を指すことなど、「古い陶器のカタログにはよく書いてある言葉ですよ」と、レヴィ＝ストロース教授が楽しそうに説明してくれた語もあり、うっかり誤植か書き誤りだろうと思うと、かえってこちらの無知を曝《さら》す場合もある。本書から『プティ・ロベール』辞典に、フランス語の用例として引かれている文章もあり、とにかく語彙の豊かさとその用い方の自在さには、読む度に圧倒される思いだ。

レヴィ＝ストロース それに、後で気付いたことですが、この本の終りの方の、哲学的、政治的とでもいうべき性格をもった考察の幾つかのものは、私にはまったく理解できません。何を言おうとしていたのかさえ解りかねるのです。これは私は放置します。けれども、私のブラジルの旅の記憶は、この本を書いた一九五五年には、今よりはるかに鮮かだったことは確かですから、ときどき、何か思い出したり、細部をはっきりさせる必要があって参照することはあります。

川田　先生はさまざまな感覚、とりわけ嗅覚が非常に鋭敏でいらっしゃることが、この本でもよくわかりますが、この点でも先生はジャン＝ジャック・ルソーと共通の資質を分けもっておいでになるようですね。

レヴィ＝ストロース　私がルソーと同じ資質をもっているというのは、そうであればいいとは思いますが（笑）、僭越でしょうね。ただ、私が感覚に与えられたものに対して非常に敏感であることは確かです。あなたはいま、匂いの例を挙げられたが、味や色や音についても同様です。感覚の世界は、観念の世界より、私にとっては遙かに親しみやすいものです。

　或る意味では、レヴィ＝ストロースの学問の全体系が、とくに『野生の思考』から『神話論理』に至る大作が、感性と知性の豊かな総合の上に築かれているといっても過言ではないと思う。『悲しき熱帯』の中にもそれは随所に現われているが、自己の思想形成のあとを回想した「6　どのようにして人は民族学者になるか」の、地質学や精神分析について述べた件《くだり》で、また、新世界に関する十六世紀ヨーロッパの知識の不具性を語った「8　無風帯」で、認識における感性や審美眼の大切さについて語っている部分は、とくに示唆的である。

川田　先生のきわめて密度の高い成熟した文章は、翻訳していて私に大きな喜びを与えてくれましたし、同時に、日本語で表現し直す上の苦しみの因《もと》でもあったのですが、文体について言えば、先生はどんな人から影響を受けているとお考えになりますか。

レヴィ＝ストロース　私はルソーを大層愛読しました。シャトーブリアンも熟読しましたし、プルーストも熟読しました。この三人が、文章の上で私に影響を与えたと言えるでしょう。とはいえ、私はこの三人と自分とを比べたり、私が彼らに近いなどと自惚《うぬぼ》れる気持は毛頭ありません。私は彼らからは、ずっと隔たったところにいるにすぎないのですから。

川田　先生はこの本の中で、物をお書きになる前に、思考に活力を与えるためにマルクスの『ルイ・ボナパルトの霧月《ブリュメール》十八日』や『経済学批判』の何ページかを読む癖がついている、と書いておられますが、『悲しき熱帯』をお書きになる時もそうでしたか。

レヴィ＝ストロース　いいえ。私はマルクスをフランス語か英語で読むので、ドイツ語では読みません。ですから、マルクスの文体上の影響を云々することはできないと思います。物を書く前にマルクスを読む習慣があったのは、教授資格試験の頃とそれに続く数年のあいだで、マルクスは私の知的思考にとって、きわめて大きな刺戟を与えてくれました。問題をどのように提起するか、どのように展開するかという点で。

川田　この本の中には、とくに第三部で、長い歴史をもったフランスとブラジルとの知的かかわりが大変興味深く描かれています。メイヤックとアレヴィの『パリ暮し』（オッフェンバック作曲の喜歌劇）も引いておられますが、先生が山口（昌男）さんとなさった対談によると、先生のひいおじいさん（曽祖父）は、オッフェンバックに協力して、この喜歌劇のカドリールを作曲なさったのだそうですね。

レヴィ＝ストロース　そうです。メイヤックとアレヴィのことに触れたのも、『パリ暮し』の中には、「ブラジル人」という人物が登場しますが、これは当時のパリの社交界に「ブラジル人」というものが不可欠のものだったことをよく示しているからです。しかし、とくに私がメイヤックとアレヴィに関心をもつのは、彼らやオッフェンバックを、祖母が子供の頃直接知っていて、その思い出を私に話してくれ、私の記憶の中に鮮かに生きているためでしょう。

レヴィ＝ストロース教授の父の母の父は、イザーク・ストロースと言い、ナポレオン三世の宮廷舞踏楽団の指揮者であり、またオッフェンバックの協作者でもあった。フランス音楽史の一ページにつながるこの逸話は、山口昌男氏との対談（『世界』一九七七年一月号）にも語られており、また、今度レヴィ＝ストロース教授にプリントをいただいて知ったのだが、レヴィ＝ストロース教授のアカデミー・フランセーズ入りの際の、ロジェ・カイヨワ氏の歓迎演説（一九七四年六月）にも述べられている。

川田　私も十三年前パリで学生だった頃、オデオン座で『パリ暮し』が上演されたのを見たことがあります。

レヴィ＝ストロース　ジャン＝ルイ・バロー演出のね。

川田　ええ。ジャン・ルイ＝バローが「ブラジル人」の役でした。ほかにマドレーヌ・ルノーとかシモーヌ・ヴァレールとか……。

レヴィ＝ストロース　あれはスペクタクルとしては大変見事でした。ただ残念なことに、みな歌のうたえない人たちでね（笑）。音楽が綺麗なのだから、上手に歌えたらよかったのにと思いますよ。

川田　パリのブラジル人を描いた喜歌劇の作曲者の曽孫が、パリからブラジルへ行って人類学者として形成されたというのは、面白い廻り合せですね。

レヴィ＝ストロース　血筋の面目を保った、ということでしょうかね（笑）。私にとってそれより意味深長だと思われるのは、ブルゴーニュにある私の田舎の家、大橋（保夫）教授をお招きした家ですが、その家から数キロしか離れていないところで、ジャン・ド・レリー、『悲しき熱帯』の中で私が長々と書いているジャン・ド・レリーが生まれているのです。この地方から四世紀を隔てて二人の人間が、ジャン・ド・レリーは十六世紀に、私は二十世紀に、ブラジルのインディオを訪ねたことになります。

川田　面白い符合ですね。最近私は、アマゾン地方のインディオの記録映画を見る機会があり、シングー河流域の国立公園についても話を聴きましたが、「開発」のために、彼らは北米のインディアンと同じ運命を辿ろうとしているようですね。

レヴィ＝ストロース　「さらに悲惨な運命」と私は言いたいと思いますよ。というのは、北米のインディアンは、ともかく完全に抹殺されはしなかった。少しでも条件が改善されれば、また人口増加も起りうるし、文化の多くの要素がまた活力を取り戻せるだけの人口を保持しています。ところが、南米のこれらの部族の場合は、すでに一集団が百人以下というような小さな集団に減縮されてしまい、やがては全滅せざるをえないでしょう。僅かの人たちがプロレタリア化し、すっかり文化の根を失って生き延びるかもしれませんが、彼らの文化が蘇生するとか、文化遺産が保存されるという望みはまったくないだろうと思います。けれども北米では、或る程度までそれは達成されています。数年前にも、私はカナダ太平洋岸のブリティシュ・コロンビアのインディアンを訪ねましたが、勿論彼らは、かつて彼らがそうであった状態からはすっかり変ってしまっていますが、彼らの伝統について改めて自覚をもち、祭りや儀礼を再び始めています。彼らは最悪の時代を乗り越え、また上り坂に差し掛っているように思われます。

川田　シングー国立公園の計画も、初めは一種のインディオ保護地区を作ろうとするものだったようですね。保護地区自体、すでに悲しむべきものですが……。

レヴィ＝ストロース　シングー国立公園の計画は、机上プランとしては立派なもので、とくに発案者であるヴィラズ＝ボアズ兄弟のお蔭で立派なものでした。ヴィラズ＝ボアズ兄弟は、本当にインディオのために献身的に働いた人たちだったからです。しかし実際に作られる段になると、まず土地が奪われて面積は大幅に縮小され、禁止されるはずだった道路が公園を横切って造られ、初め期待されていたものからみれば、ほんの僅かの部分しか残らないことになりました。しかし、ヴィラズ＝ボアズ兄弟のお蔭で、幾つかの集団は、肉体的には抹殺を免れました。

白人の侵入以後、一九三〇年代までに中南米のインディオがたどった悲惨な運命は、『悲しき熱帯』の中に繰り返し語られている。また、ブラジル奥地に入ったポルトガル人たちの姿も、時に温いユーモアと諧謔を混えて、時には読む者の胸を締めつけるような生ま生ましさをもって描かれている。これらの叙述にこめた著者の想いは、この本が『悲しき熱帯』と名付けられた理由を十分に物語っている。しかし現代の世界を蹂躙している「開発」という名の魔物がもたらそうとしているのは、さらに根の深い悲惨なのではあるまいか。

本書で、レヴィ＝ストロースは、アジアについても多く語っている。とくに、イスラムと仏教を、キリスト教と対置させながら論じた終りの二章は、印象論と言えなくもないが、透徹した観察と発想の斬新さによって、ユニークな東西文明論になり得ている。

川田　この本の中で、私の理解する限り、先生はアジア、とくにインドからビルマへかけてのアジアの、二つの面について語っておられると思います。一つは人口過密で息が詰まるほど乱雑で惨めなアジアで、その或る面に対しては、先生は嫌悪を隠そうとしておられない。もう一つは、仏陀の教えを生み育《はぐく》んだ静穏、澄明なアジアで、それに対して先生は、過大とさえ思われる評価を与えておられます。これは一つの実体の二つの側面だと、先生はお考えになりますか。

レヴィ＝ストロース　私は決して一般化しようと思いません。『悲しき熱帯』は、繰り返しますが、まったく私の職業生活の枠外で書いたもので、一生のうち一度だけ、頭に浮かぶことをすべて、それが正しいか正しくないか、十分裏付けがあるかないかなど、一切顧慮せずに物語ってみようと思って書いた本です。感じたままを書き付けてみようと思ったのです。南米には私は何年か暮しましたが、『悲しき熱帯』を書いた時は、インドとパキスタンへの旅から三年くらい後でした。しかし三ヵ月の旅です。私は私の印象を記しはしましたが、三ヵ月の旅行でアジアが何であるか解るなどとは思っていません。私はただ、どういう風に私が反応したかを語ったに過ぎません。

あなたはアジアの二つの面について問題を提起されましたが、私には、それに対して何か正鵠《せいこく》を得たことを言えるかどうか確信がありません。ただ、あの偉大な哲学が生まれた時代には、アジアの人口密度は今ほど高くはなかったろうと思います。インドの人口過剰は、大幅にイギリスの植民地支配の結果だと思います。植民地化以前には、十七、八世紀の旅行記を読んでも、今日カルカッタその他に見られるような、あの恐るべき悲惨、異常な人口過密があったとは思えないのです。

レヴィ＝ストロースは、人口密度という数量的な事象が文化に対してもたらす問題に大きな意味を与えている。本書の「14　空飛ぶ絨毯《じゅうたん》」に大きなスケールで語られている文化地理論は、その点で興味深い。

川田　先生は仏教思想に大変高い地位を与えておられますが、先生と仏教とのつながりはどのようなものでしょうか。

レヴィ＝ストロース　これについてもまた、私はまったく表面的で個人的な印象を記しているに過ぎません。アジア旅行のあいだ、私は今のバングラデシュで、ビルマの国境近く、チッタゴン地方に行って、きわめて短い「フィールド・ワーク」を試みました。十五日間に過ぎませんが、ビルマ起源の、仏教徒の住民を訪ねたのです。私はたちまちその雰囲気に魅了されてしまいました。イスラムのくにぐにで私の膚《はだ》で感じたことですが、イスラムの思想や宗教というものが、まったく私の入り込めないもの、それは外から眺めるだけで、私を拒絶するものという風に感じていただけに尚更、私は仏教徒のあいだに身を置いたとき、ほとんど恩寵《おんちょう》に浴していると言っていいような状態に自分があるのを感じたのです。そして恐らく、もっと深い理由は、仏教というものが、間違っているかもしれませんが、神のない宗教であるように私に思われたためだと思います。

ところで、宗教について、私が窮屈に感じるのは、少しも宗教そのもののためではありません。むしろ反対です。学問研究に携わっている人たちさえみな、或る意味で宗教的な態度をもっています。けれども、自分だけの神をもっているということ、それに対しては私は決して心をひらくことができないのです。年のゆかない子供の頃からそうでした。そのことは、この本の中（「23　生者と死者」）にも書きましたが、信仰の影が私を掠《かす》めたことは一度もありませんでした。それがたった一度だけ、私は一つの宗教を前にして、私の心が通うのを感じたのです。私は僅かしか仏教についての文献を読んでいませんし、勿論専門家ではありませんが、私が感じるのに、宇宙に対する、このきわめて深遠な態度、そこから私たちはますます多くの教訓を引き出すことができると思うのです。なぜなら、いろいろのことをして来た後で、結局、自然の尊重、環境の保護等々いま盛んに問題になっていることは、すでに二千五百年前の仏教の教えの中にみなあるからです。そしてこの感覚、いわば自然と調和を保とうとする人間の努力、それに私は深く共感を覚えるのです。

川田　その点については、先生は一九六七年に「日本の読者へのメッセージ」にも、それを日本文明の伝統としてお書きになっておられますね。これは少し日本の伝統の過大評価のように私には思えるのです。日本の伝統の中には、自然との対話はあるかもしれませんが、自然を馴化《じゅんか》するという思想は、まったくといってよいくらい欠けていると思うのです。自然との対話は、人間が自然に対して劣勢か、もしくは対等のあいだは、十分価値をもつ態度だったと思いますが、よほどの工夫を凝らさなければ、人間による自然の破壊がとめどなく進んでしまうという現在のような段階では、西洋の人工的な自然馴化の伝統の方が、かえって有効に働くのではないでしょうか。日本での最近の自然破壊の狂暴さ、愚かしさは、西洋よりはるかに大きいと思うのです。

レヴィ＝ストロース　確かにそうです。日本を訪れた多くの人たちも、私にそのことを話してくれました。ただ、私がいつも自問していることがあります。私の今年の秋の日本訪問が、その答えを見つける手掛りを与えてくれるといいと思います。つまり、私が本で読んだところでは、日本の総面積の七十五パーセントは開発されないままの状態にあるそうです。その面積については、人は何も言いませんが、この七十五パーセントというのは、一体何でしょうか。

川田　人口の過密と過疎の問題があります。

レヴィ＝ストロース　そうですね。こういってよいかどうか知りませんが、この問題に、日本は西洋とは違った答えを出しているのではありませんか。西洋は、まだ手を施す余地のあるところでは自然の保護を試みています。しかし日本は別の解決、つまり必要なところでは過剰開発し、それがないところでは、自然を完全に尊重するという解決を見出しているのではないかと思うのです。

確かにそれは、理論的には考えうる別の解決法であるかも知れない。だが、日本の現実はどうだろうか。日本を訪れた後にも、レヴィ＝ストロース教授は、この見方を変えずにいられるだろうか。また日本で実際に、ここに示唆された解決法が試みられる可能性はあるだろうか。

川田　先生はこの本の冒頭の章を「出発」とし、最後の第九部に「回帰」という題を付けておられます。そしてエピグラフにルクレティウスの「お前と同じように、これまでそうした世代は亡びてきたし、これからも亡びるだろう」という句を引いておられます。この本の後半を読んでも感じるのですが、先生のお考えの中には、輪廻《りんね》の思想と共通するものがあるのではないでしょうか。

レヴィ＝ストロース　いいえ、そういうことはありません。ルクレティウスの句は、この本が献じられている私の長男ローランのために引用したのです。ローランは当時八歳でした。まだ本当に幼い子供だった訳です。ルクレティウスの詩を引用したのも、この本がこの小さな男の子に献じられるのにふさわしいように選んだのだったと思います。結局この句が何を言っているかと言えば、単に、すべて存在したものはお前のように滅びるだろう、ということです。これは私が知った頃の、まだほとんど西洋文明に荒されていなかった熱帯、そしてローランはもう見ることがないに違いない熱帯の、悲しい調子《トーン》をよく表してもいます。

川田　先生はまた、人類は文明によって、結局エントロピーしか生み出さなかった（レヴィ＝ストロースは、『悲しき熱帯』の最終章で、「エントロピー」という言葉を、かなり比喩的に"inertie"「慣性、無活力」と同義語に用いている）、アントロポロジー（人類学）はエントロポロジーと呼ばれるべきだと書いておられます。

レヴィ＝ストロース　これは気紛れですよ。誇張され過ぎている。考えを人に印象づけるための一つの手段です。

川田　先生のお考えの中には、終末論の要素はないのでしょうか。

レヴィ＝ストロース　（強く）いいえ、私はまったくそう思いません。まったく。（ちょっと考えてから）いいえ、確かにそうではありません。強いて言うなら、私は根底的《ラディカル》な悲観論者《ペシミスト》です。

　レヴィ＝ストロースは、『人種と歴史』の中でも、また、先に言及したロダンソンとの論争でも、文明の進歩の概念を否定してはいない。しかし進歩というものを、当事者の主観的な意識の問題に限っていることも確かで、それはまた、人類のつくり出した文化を含めた世界とその変化を、それ自体としては不変の一定要素の組み合せの変差として捉えようとする構造主義の立場とも符合する。かなり剝き出しの形で文明の進歩について論じている本書の「38　一杯のラム」、「40　チャウンを訪ねて」では、進歩の概念を標榜することに対する積極的な否定、というより嫌悪の態度さえ窺われる。しかしそれは、理論的な考察であるより、もっと根底的な情感の吐露という感じが強く、かえって読む者の共感をそそる。それはつまり、「未開人」と呼ばれ、蔑まれてきた人たちへの限りない優しさ、進歩していると自認する者の奢りに対する愛想づかし、原初への静かな憧憬に通じるもののように、私には思われる。

川田　この本の「38」にも、ルソーを引いて言及しておられますが、先生は人類の過去に、文化の発展の「ほどよい段階」があったとお考えになりますか。先生は新石器時代を……

レヴィ＝ストロース　ええ、新石器時代について私は語っています。これはルソーも考えたことですが、彼は勿論新石器時代というものを知らなかったし、新石器時代という用語すら当時存在していなかった。しかし彼は、人間が自然状態で存在するということを信じていませんでした。しかし人間と自然がほぼ均衡を保っていた時代、つまり、人類にとって恐らく考え得る最良の状態があった、とは考えていたようです。われわれはそこに、今われわれが新石器時代と呼んでいるものを認めることができると思うのです。勿論、それを確認することは大変むずかしい。われわれの誰ひとり、新石器時代に生きた訳ではないのですから（笑）。

私が思うのに、もし人類が、自らを救うかその存在を長引かせるかしようとするなら、むしろ新石器時代がもっていた側面に注目すべきでしょう。しかし同時に、人類が自らに言いきかせるべきだと思うのは、人間とその環境との最良の均衡に人類が到達できるのは、あらゆる科学の成果を用いることによってでしかないということです。それ以外に、われわれがそこに到達する方法はないでしょう。ですからそれは、過去に戻るために現在に背を向けることではなく、理論的に理想とされる状態に向けて、現代科学の成果を集中させるよう試みることなのです。科学の成果だけが、たとえ僅かの程度にではあっても、何か似通ったものを再構成することができるからです。

現代科学の総力を結集して、新・新石器時代を実現するというのは、壮大なＳＦのテーマにもなりそうな構想だ。しかし、レヴィ＝ストロースの人類文明についての壮大な悲観論に、やさしい彩りを添えているのは、きわめて良質の文化的保守主義であるように、私には思われる。

川田　『悲しき熱帯』もそうですが、先生の学問全体がもっている姿勢の底に、大きな尺度での文化的保守主義とでもいうべきものが流れているように思います。アカデミー・フランセーズにお入りになった時の講演でも、一昨年の、ブローニュの森の新しいフランス民俗博物館の開館式での記念講演でも、先生は文化的保守主義の立場を改めて表明しておられるように思うのですが……

レヴィ＝ストロース　あなたはみんな読んでいるんですね！

川田　G・H・リヴィエールさん、（フランス民俗博物館の創立者）とは私は個人的に親しいので、リヴィエールさんが私に、民俗博物館での先生の講演が感銘深いものだったことを話してくれたのです。今の、理想状態の問題にしてもそうですが、過去の遺産を現在から未来に向けて積極的に位置づけてゆくというのは、一般論としては常に望ましいことであっても、具体的にはなかなかむずかしい。日本では、西洋文明の急激な移入の後遺症もあって、前向きの文化的保守主義というのは、フランスなどに比べて成立しにくいと思われる面があります。

レヴィ＝ストロース　私は日本を知らないので間違っているかも知れませんが、私が外から得る印象では、日本の芸術家には、われわれの芸術家より遙かによく、数百年の遺産を保持する――勿論変形しながらですが――ことを知っている人がいると思います。何週間か前にもパリで、芹沢（銈介）氏の染色の展覧会を見ましたし、今は楠部（彌弌）氏の陶芸展をやっています。これは独創的であり、現代のものですが、それでいて日本人の祖先伝来の技術との連続があることが感じ取れます。それは私たちも再発見したいと思っているものですが、しかしそれは最近のことに過ぎません。

一九六七年の『悲しき熱帯』日本語版への序文にも記されているように、浮世絵を通して幼児の思い出にも染みついている日本に対して、レヴィ＝ストロース教授が特別の親愛感をもっておられることは確かなようだ。

川田　十年前に出た「日本の読者へのメッセージ」で、先生は、「それにもかかわらず、私は、まだ一度も日本に行ったことがありません。機会がなかったからではなく、私にとってはまだ『子供らしい愛着に包まれた緑の楽園』であるものの、現実の壮大な姿に直面するのが怖ろしかったから、というのが大きな理由であったに違いありません」と書いておられます。今年の秋、先生は日本においでになろうとしていますが、今では先生はもう、この種の「怖れ」をお感じにはならないのでしょうか（笑）。

レヴィ＝ストロース　勿論私は、今でもその怖れを抱いてはいますよ。けれども皮相な反応を克服することもまた必要です（笑）。私は広重の描いた東海道を知らずにいるより、日本に行くことの方が遥かに大切だと思います。

川田　東海道はすっかり変ってしまっています。

レヴィ＝ストロース　今は、東海道を通っているのは急行列車でしょう。

川田　しかも新しい線は、かつての街道沿いに、つまり人間と自然との交わりの中で長い歳月をかけて作り出された「風景」の中を走ってはいません。ただ最短距離を突っ切って速く走るだけなので、先生がこの本（「10　南回帰線を越えて」）にも述べておられるような意味での「風景」は、そこにはないのです。

川田　この本の中で先生は、西洋社会は、民族学者を生んだ唯一の社会だと書いておられます。しかし今では、日本やインドをはじめ、多くの社会が民族学者を生み出すようになりました。

レヴィ＝ストロース　そうです。それに、西洋社会だけが民族学者を生んだというのは、昔から、完全に真実ではありませんでした。極東やインドに旅したアラブの大旅行家もおり、民族誌はいろいろな民族が作っています。ただ違うところは、西洋ではそれは、より意識的な一つの意図だったことです。他の社会にも大旅行家がいて、彼らの見聞を見事に叙述していますが、一つの学問を作るという意識はもっていなかったと思います。

川田　けれども今では意識された学問としての民族学、人類学が多くの社会に形成されて、民族学的視点が複数になることを期待してよいのではないかと思います。

レヴィ＝ストロース　確かにその通りです。それは大変重要なことです。アメリカの民族学者がフランスの村で調査をしたことは喜ばしいことで、彼らは私たちの見ない幾つかのものを見たのです。

川田　日本の民族学者も、ヨーロッパで調査をしています。

レヴィ＝ストロース　知っていますとも。私たちはその成果を期待しているのです。

新世界の「発見」、そして民族学・文化人類学の視点が西洋文明にとってもつ意味は、『悲しき熱帯』の主要テーマの一つとして、随所に、とくに「8　無風帯」や「38　一杯のラム」などの章に考察が展開されている。西洋文明の中で成立した民族学・文化人類学に、そのまま日本人である私たちが乗り移り、その枠組の中で「学問的業績」をあげて事足れりとする態度へのさめた意識を持ち続ける限り、そして、日本人がこの学問をとり入れたことの意味を問い続ける限り、これらの章に展開された考察は、大きな刺戟となる。対談では時間も準備もなく、この点に立ち入れなかったが、いずれ稿を改めて論じたいと思う。

（一九七七・六・二六、西アフリカ、オート・ヴォルタで）

『悲しき熱帯』のいま
四十六年ののちに

『悲しき熱帯』の原著が刊行されて四十六年、日本語での初めての抽訳（マリノフスキーと合本の「世界の名著」のための部分訳）が出て三十四年、拙訳による全訳が出て二十二年経った。フランス語の原著も、ペーパーバックスなども含めて、現在もパリをはじめフランス語圏のいたるところの書店で売られているし、世界二十六カ国語に翻訳されて、それぞれの言語圏でロングセラーとなっている。原著は晦渋といっていいフランス語で書かれており、その晦渋な味わいを日本語に移そうと努めた拙訳も決して読み易くはないのだが、上下二冊七〇〇ページ近い全訳本も、昨年の二十一版まで毎年のように版を重ねている。この著作の何が、これだけ広汎な読者を、原著でいえば三世代にわたるかもしれない長い間、惹きつけてきたのだろう。

第二次大戦をはさんだ世界の変動のうち、植民地帝国の崩壊と植民地の独立、政治・経済の次元での南北問題の発生と、知の次元での「野生の知」の復権は、現在以後にまでつながる、根の深い事象といえよう。かつての「野蛮」「未開」社会が「低開発」ないし「開発途上」社会として、以前にもまして差別的に位置づけなおされ、植民地の独立にともなって、世界は時代遅れの「国民国家」で覆われ尽くした。国民国家の枠とグローバル化する凶暴な力とが立てる軋《きし》みのなかで、しばしば「民族」に名をかりた弱者の要求が生む、遠くまでは届かない叫び。宇宙開発や情報通信技術の変革、空前の物質的達成が人類の一小部分で実現された一方で、貧困と飢餓を制度として解消する思想は力を失い、世界の貧富の格差は広がり続け、死に至る感染症と地球環境の破壊が人類を脅かす。

未来への展望が重苦しさを増したこのような百年の前半、ユダヤ人としての迫害を生き、ブラジルの奥地で文明に圧殺される寸前の「野蛮人」に共感し、野生の知の復権をくわだてた一知性の、控えめだが激しい同時代証言がこの『悲しき熱帯』だといえるだろうか。原著名“Tristes Tropiques”は、二語の第一音節同士の音の響き合いの力強さと呼応して、名詞の前につけられた形容詞“tristes”が含む、「憂欝な、暗い、うんざりする」といった重苦しい語感が、内容を適切に指示する題名になっている。“tropiques”は、複数形で南北両回帰線のあいだにある地域、熱帯を指すが、“tristes”の今述べたような語感がどうしても日本語一語では表せず、やむを得ず「悲しき」という、文語的表現の、しかも甘美な感じさえする形容詞を使わざるをえなかった。

題名が示すように心の重くなる同時代証言ではあるが、ありのままの記述や告白からは遠く、鋭い感性が切り取った素材を強靱な頭脳で咀嚼し尽したあと、時間や空間の秩序を無化し、過剰なまでの暗喩で再構築した物語だ。いわば著者が文化研究の方法として開拓し、二十世紀後半の人文科学に衝撃を与えた構造主義の手法の見事な結実でもあるのだが、そこに展開されている世界像も、構造主義の認識方法から生まれているといえる。

　自我の主体性にすがる「私」の否定から出発する著者の認識方法は、「私」も一個の「他者」であるとする透徹したへりくだりにつながる。そこでは、拡大された「私」としての人類に与えられる位置も、ささやかなものだ。『悲しき熱帯』の最終章にある「世界は人間なしに始まったし、人間なしに終わるだろう」という一言は、私の深く共感する言葉だ。人間の思い上がりをしずかに、しかし決然と戒める、これほど簡潔な言葉がかつてあったろうか。

　レヴィ＝ストロース先生は、仏教思想に深い尊敬を抱いているが、輪廻のような宇宙観には反発する。何年も前になるが、先生の人間と自然についての思想を確かめたい気持ちから、私が三十代の頃アフリカにいて書きつけた、「人類の歴史は、自然の一部でありながら、自然を対象化する意志をもつようになった生物の一つの種が、悲惨な試行錯誤をかさねながら、個人の一生においても、社会全体としても、叡知をつくして、つまり最も人工的に、みずからの意志で自然の理法にあらためて帰一する、その模索と努力の過程ではないかと思うことがある」（中公文庫『曠野から』三一ページ）という考えについて、先生の意見を求めたことがある。レヴィ＝ストロース先生は、その自然の理法はどのようにして認識できるのか、特別の瞑想や修行によって一挙に到達するのでない、誰もが分かち合える方法として探求できないものかといい、自分は認識論においてはごく常識的なカント主義者だといわれた。不可知論に立った認識深化の努力ということなのであろうが、手続きとしては「合理的」だし、その限りでは自然一元論ではなく、構造主義に対する批判として私も述べたことがある、「主観の研ぎすまし」につながるかもしれない。先生は、「強いていえば、私はラディカルなペシミストなのです」

ともいわれた。

　ペシミズムということばにも含意されているように、人間の立場に立つが人間謳歌に陥ることを自らに禁じる、自然のなかでの人間以外の他者への共感は、種間倫理を考えるところに行き着かざるをえないのではないか。そのことは、昨年レヴィ＝ストロース先生も読める形で、先生が創刊以来中心になって発行されてきた学際的人類学誌『人間』に、「ある構造主義者――種間倫理を求めて？」と疑問符つきの題で短い文章に書いたことがあり、昨年十一月末、満九十二歳になられたばかりの先生にパリでお会いしたとき、私の勝手な思いこみでないか伺ったところ、疑問符は取ってよいといわれた。そして、一九九六年にイタリアの新聞『ラ・レプブリカ』に発表した「狂牛たちからの教訓」と題するエッセーのフランス語の原文の一部が、最近フランスの動物保護運動の雑誌に掲載されたばかりだからと、原文全文のコピーを『悲しき熱帯』の今度の版への序文の原稿と一緒に送って下さった。それはまさに種間倫理の根源に踏み込んだ、現代の人類の痛烈な戯画だ（拙訳により「狂牛病の教訓」という題で『中央公論』二〇〇〇年四月号に掲載。本書第5部に収録）。

　地球環境の保護などという考え方も、所詮は人間のアメニティないしは生き残りのための自然維持論であり、先生の壮大なペシミズムからみれば、形を変えた人間中心主義ということになるだろう。『悲しき熱帯』には、一九三〇年代のブラジル奥地の、まだ人間にひどく汚されていない自然と、そこにつつましく生きるインディオたちの、息をのむような叙述がふんだんにある。青年期のこのような体験と、第二次大戦中ナチスのユダヤ人迫害を逃れてアメリカ合衆国へ渡る、深刻さを諧謔でくるんだ筆致で描かれている体験を経て、先に引用した末尾の「壮大なペシミズム」の言葉も生まれてくるのだと思う。その過程を、著者の二十世紀初めのヨーロッパでの、精神分析、マルクス主義、地質学などを通しての思想形成の回顧とともに綴ったこの書は、やはりすぐれて今日的な意味をもち、そして今後ももちつづけるにちがいない。

「中公クラシックス」の先頭を切る一冊として、『悲しき熱帯』が新しく刊行されるに当たってのメッセージでも、先生の「自然の一部としての人間」の思想は底流をなしている。先にも引いた認識の方法論に忠実に、西洋の自然と人間の考え方と対比させる形で、日本で直接経験したことを批判をまじえて述べながら、先生の自然・人間観を、控えめに匂わせている。ただ、初めての日本語版の序文にも記されている幼時の浮世絵体験にはじまって、日本につよい愛着と夢を抱きつづけてきた先生の、日本に対する評価はやはり甘すぎるという印象は拭えないし、最後に来日したのが十三年前で、思い出が体験を美化した面もあるかもしれない。伝統と現代の調和的共存という、日本についてのやや神話化した評価が現在でも当てはまるのか、日本人には面映ゆくもある。とはいえ、一昨年パリで開かれた縄文文化展の図録に寄せた文章を読んでも、著者の日本についての理解はなみなみならぬものがあり、日本についての甘い評価の言葉も、事実認識の表明というより、私たち日本人へのやや反語的な叱咤と励ましのメッセージと受け取るべきかもしれない。

このメッセージにも、『悲しき熱帯』全体にも流れている、一種の「文化的保守主義」とでも呼ぶべきものについては、一九七七年版の全訳につけた著者との対談でも私が質問しているが、シュールレアリスムにもつながるレヴィ＝ストロースの思想の、現代世界の文化状況における異議申し立ての一表明でもあることを忘れてはならない。それは深く「人類」の土壌に根ざすもので、浅薄な読みから誤解を受けるかもしれない、日本的国粋主義への共鳴などとは、およそ無縁のものだ。

＊＊＊

『悲しき熱帯』が刊行されてから三十九年経った一九九四年、レヴィ＝ストロースは *Saudades do Bresil*『ブラジルへの郷愁』（川田順造訳、みすず書房刊）を出した。これは『悲しき熱帯』に描かれている一九三〇年代のブラジル滞在中、著者が撮った約三千点の写真から一八〇点を選び、密度の高い「プロローグ」に加えて、個々の写真に改めて文章を添えたものだ（このうち、約三分の一の写真は、本書にも収められている）。人類学者の楽屋裏である、現場での走り書きのデッサンや楽譜も混じる、フィールド・ノートの断片も挿入されている。著者自身による「『悲しき熱帯』のいま」であり、ブラジルを去ってから十五年を経ることによって書き得た『悲しき熱帯』を、三十九年後に、五十四年前の写真が喚起するものを媒介として捉えなおした著作として、多面鏡に映し出された記憶ともいうべき迫力と魅力を具えている。

なお、著者のブラジル体験の五十年後に、大学の夏休みの二ヵ月間だったが、私はブラジルを訪れる機会があった。創刊百号の記念特集の企画で、私をナンビクワラの集落にまで行かせてくれた雑誌『ブルータス』に書いた文章に、月刊誌『中央公論』に寄稿した「なぜ熱帯は今も悲しいのか」などを加え、その十二年後の文章も合わせた拙著『ブラジルの記憶』（NTT出版、一九九六年）にも、ここには書き切れなかった、現代世界にとっての『悲しき熱帯』をめぐる考察を記した。関心のある読者は参照していただきたい。

二〇〇一年一月、アフリカへ発つ前夜、広島の寓居で

写真集『ブラジルへの郷愁』をめぐって

訳者あとがきから

『ブラジルへの郷愁』は、特異な写真集だ。単に一九三〇年代のブラジルのさまざまな姿が、写真によって見事に再提示されているというだけではない。それらの写真の全体が、一人の人類学者の体験で裏打ちされている。画像のこちら側、つまりこの写真集を眺める読者と同じ視点に、一人のすぐれた人類学者の、二〇代のときの目がある。その目は、一九三〇年代のブラジルに現前していた光景にカメラを向け、ファインダーをのぞき、シャッターを押している。その瞬間の彼の顔や心の表情まで、六十年たったいま、地球半周を隔てた日本でこの写真を眺める私たちに、ありありと伝わってくる、そんな一群の写真たちが、ここにはある。いうまでもなく、これは写真としてのいわゆる傑作を揃えたアルバムではない。写真としての完成度の低いものも混じって、だからこそかえってリアルに、この写真たちは二十世紀最高の知性の一人とされる人間が、自己形成途上の自分に課した稀有《けう》な体験のそのときどきの瞬間を、口々に語っているのだ。

この写真集はだから、構造主義者として高名な著者の、それ自体時間性を消去して高度に構造化された名作『悲しき熱帯』の三十九年後の別版であり、脱構造化されて散らばされているだけにかえって、かつて確かにあり、いまは存在しなくなったものへの、なまなましく、はげしい共感に満ちている。『悲しき熱帯』と併せて読む者は、そのことに知的興奮を覚えるにちがいない。さらに先住民たちの表情の、感動的な美しさをとらえた多くの写真からは、一九三〇年代のブラジルでの人間の遭遇のあり方――一人のフランスの知識人と文字通り「奥地」のインディアンたち――の、そうでしかありえなかった出会いの中での、人類学者としての精一杯の誠実さとでも呼べばいいかも知れないものを、私はあらためて感じる。厖大《ぼうだい》な荷物を積んだ何台ものトラックや牛や馬や騾馬《らば》の、そしてそれに伴う人間の大部隊を率いて、一年間奥地の調査行をする――これは組織者、統率者としても並はずれた能力を要求される仕事だ。ただ行って帰ってくるだけで、心身ともに疲労困憊《こんぱい》しかねないのに、行く先々で先住民たちと、短期間ではあるが、文字通り一期一会で、万感をこめて接し、驚くべき洞察力で彼らの「人間」と生活を見ている。その接し方と洞察がいかにすぐれたものであったかは、この本の写真たちが無言で物語っている。

だが、著者が地の果てと思われるような奥地にまで、こんな思いをして訪ねて行った先に発見したのは、「未開人」の原初の姿ではなく、白人の侵略の三〇〇年余りの歴史の中で、追われ、殺され、落魄《らくはく》して「未開になった」人々だった。とくにナンビクワラとの接触で著者を撃った、この重いテーマは、構造の概念（『悲しき熱帯』のカデュヴェオやボロロの記述を見よ）や変換のシステムとしての構造（一社会の集約的調査でなく、広域の横断調査がその鍵を渡したのであろうか）の考え方とともに、このブラジルでの体験がレヴィ＝ストロースのうちに芽生えさせ、醸成したものの一つだといえるだろう。『悲しき熱帯』の中でも論じられ、その後もくりかえしとりあげられているこのテーマは、この最近著ではさらに拡大して展開され、プロローグを貫く主題の一つになっている。

この偽りの楽園の偽りの「未開人」たち。そこに著者は西洋文明が「新世界」に投げつけた自らの汚物の跡を見る。著者自身その西洋文明の一員として、パリの博物館のために「おみやげ」と交換に標本を収集するという形で先住民とかかわり、同時に西洋の行状を告発し、弾劾する。その姿勢の中に、自己撞着《どうちゃく》を指摘することはたやすい。しかしある時代状況の中で、そうせざるをえず、そうとしかできなかったことへの一つの最大限に誠実な対応のあり方を、私はそこに見る。私たち、西洋の「汚物」をとり入れて今度はほかの社会に投げつける役を果たしているかも知れない日本人としては、レヴィ＝ストロースの姿勢をただ理屈として批判したり、逆にそのあとに従うのではなく、それ自体を対象化して私たちなりの立場を見出すことの方が大切だ。レヴィ＝ストロースの矛盾と苦渋は、この写真集からも一部を読みとれるように、火の試煉を経ている。

かつて『悲しき熱帯』（*Tristes Tropiques*, 1955）を十二年かかって和訳したときも、私は「悲しき」という、日本語としてどこか甘美で感傷的な響きもある形容詞を、文語形で本の題に使うことを最後まで躊躇《ちゅうちょ》した（「陰鬱な熱帯」「暗い熱帯」などの訳語も考えた）。結局他によい言葉が見つからなかったのだが、原題の“tristes”には、いうまでもなく、それが修飾する名詞の前につけられた場合には、「悲しき」より、むしろ「いやな」「うんざりする」「心の暗くなる」などの意味がつよい。フランス語の表題では、この重苦しい語義が、発音の上の撥《は》ねるような響きの美しさ——“tri-”と“tro-”の対照と、“-piques”

の透明感——で救われて見事な表題になりえているのだが、いずれにせよ、この“tristes”という形容詞に著者がこめた重苦しさの思いは、それから三十九年を経て書かれたこの本のプロローグに、その間も著者によって反芻《はんすう》されつづけた結果として、ありありと示されている。

その重苦しさを追究してやまない熱意を支えている著者の心の純な素朴《ナイーブ》さは、感動的ですらある。想いあまって、逆向きに誇張されていると思われる面さえあるくらいだ。考古学的な年代についても、「石器」とされている出土品がほんとうに人間の加工したものかどうかについての判定、絶対年代測定に用いられる放射性炭素を含む資料と他の遺物との共伴関係の定め方等に基本的な問題があることは、専門家によって指摘されている。また、南アメリカでの人間の居住が紀元前三万年から四万年まで遡《さかのぼ》るとすると、その祖先が現在のベーリング海峡に当たる地帯を東へ越える前の、シベリア東部のモンゴロイドの、現在まで確認されている古さがそれに対応しないという問題も出てくる。いずれにせよ、東アジアでも、南北アメリカでも、既知の考古学的資料は、元の遺物全体からみてきわめて限られたものでしかなく、アメリカ大陸への人間の移住・拡散とその後の多彩な文化の形成過程は、まだ多くの謎にみちている（モンゴロイドの拡散と適応については、最近の日本人研究者による地球規模の視野での学際的研究が、大きな成果をあげている、『モンゴロイドの地球』全五冊、東京大学出版会、一九九五年参照）。

アマゾン流域の住民についての、十六世紀のカルバハルの記述の解釈にも、カルバハルのテキストとつきあわせてみると、著者のアメリカ先住民への偏愛がバイアスとして感じられさえする（カルバハルの「アマゾン川の発見」は、大貫良夫氏による、テキスト批判を含む注付きのすぐれた和訳がある。「大航海時代叢書」第II期12、コルテスほか『征服者と新世界』、一九八〇年、岩波書店刊）。

しかしそうしたことが、この本全体の価値をいささかも減じず、むしろ一つの熱気にさえなっているほど、この本での著者の現代文明に向けられた批判は、正当で、強く、はげしいものがある。そして実際、ブラジルにおける、また世界における、「開発」という名の人類文化の画一化と自然破壊は、『悲しき熱帯』が書かれた四十年前とは比較にならない危機的状況にまで進行している。人類に供給される酸素の三分の一を放出しているとされるアマゾンを中心とするブラジル熱帯林の伐採と農牧地の開拓、南部の貧しい農民の入植、高速道路建設、鉱物資源の開発などは、経済危機のブラジル国家にとっては必要不可欠の施策であり、広大な土地で狩猟採集とわずかの粗放な農耕をしている先住民の、土地利用の経済効率の悪い自然経済は、国民全体からみれば許容しえない贅沢《ぜいたく》なのである。世界銀行の援助も得て行なわれた大規模な森林開拓と入植は、結局森を切ってしまったあと太陽にさらされた熱帯の痩せた土壌が、集約的「近代」農業には耐え得ないこともあって、全体として失敗に終わらざるを得なかった。そして、開発の衝撃的な「フィゲイレド報告」が一部を暴《あば》いたような恐るべき先住民の大虐殺《ジェノサイド》は、形と規模を変えて「清掃」作業としてつづけられており、ブラジルの先住民はいまや二十数万人に減少してしまっている。

私も一九八四年に短期間訪れる機会があったナンビクワラ族についてみても、レヴィ＝ストロースが訪れた一九三八年以後も、度々の疫病で人口は減少を重ね、一九四八年の資料では一五〇〇人くらいと推定されていたが、その三十六年後に私が行ったときにはＦＵＮＡＩ（国立インディオ保護局）の集計では半減して、乳幼児も含めて七六三人が、十一の群れに分かれて先住民居住地域で暮らしていた。一九八八年の資料ではさらに六五五人に減った。いわゆる民族集団としては滅亡寸前の人口といっていいが、その後は保健衛生状態の改善などによって少しもち直したらしい。ただ、私が訪れたときも、FUNAIの定住化、農牧化指導によって、彼等の大部分は木造の家に住み、乳牛を飼い、玉蜀黍《とうもろこし》を栽培する生活を営んでいたから、砂蚤《すなのみ》を防ぐためもあって相変わらず素裸で焚火の灰にまみれて眠り、時折弓矢で野生動物の狩りはしていたものの、生活文化の上では、すでにそれ以前のナンビクワラは半ば以上消滅していたといってよかった。日常生活については、FUNAIの保護政策によって、食料をはじめ生活物資の大幅な支給があり、衣食住の基本には何の不安もないようだった。納屋に入りきれず村内の空地に山積みされた玉蜀黍を、飽食した放し飼いの鶏がついばもうともしない、束の間の奇妙な「豊かな生活」がそこにはあった。「束の間」と書いたのは、FUNAIの援助も、世界銀行のこの地方の大規模な開発への融資に一部依存していたからだ。しかしながら、彼らがFUNAIの指導で牧畜やゴム採取などを通して組みこまれはじめた換金経済と、FUNAIの援助などによって手に入れた、自転車やトランジスターラジオやアルミ鍋を、彼らは好ましいものとして受けいれている。「近代」という複合体がもたらす便利さ快適さは、麻薬にも似て、いったんそれを知ったあとでは、それを奪われた状態は不幸に感じられる。「発明は必要の母」の原則があてはまる近代技術と市場経済の波に、ナンビクワラも浸されていることは、この本のプロローグにも述べられている通りだ（ヴィリェーナなどの状況については、私からきいた話も参考にして書いたと著者は言っていた）。

だがこの本の写真からも明らかなように、一九三八年当時著者が「奥地」で出会ったナンビクワラもすでに、ポルトガル人が作った川の渡し台を常用していたのだし、いままた、彼らがトランジスターラジオに執着したとしても――それは、それを買う現金収入を得るための、他の面での生活の変化と組み合わされたものだが――、彼らがそれを望んでいる以上、トランジスターラジオが含む生活全般の「近代化」と、情報の拡大による意識の変化とひきかえの、彼らの伝統的な文化（それもまさしく、歴史的状況の中で「伝統的」になったのであろうが）の消滅を、嘆いたり妨げたりする権利は誰にもない。よしそれが人類文化の多様性を消滅させ、画一化をすすめるにせよ、である。究極のところ、人類文化はなぜ多様であるべきなのか。貧困や、飢餓や、不衛生や、乳幼児死亡などの克服は、近代的設備や、近代的経済観念、労働観、衛生思想などの普及を必要とし、従って学校教育の普及とそのための識字推進……と、一連の「近代複合」が、教育開発という行為によって社会の中に根をひろげることを必要とする。そしてその過程は、これらとしばしば背馳《はいち》する多様な伝統文化と、それを支えてきた価値観を破壊し、文化を画一化することとセットになって進行せざるをえないのだ。

　こうした状況は、レヴィ＝ストロースがこの本でブラジルと平行して告発している、ヨーロッパの一九五〇年代頃を境とした伝統文化の急激な消滅とも軌を一にしている。それに、家庭生活の電化、農作業の機械化、自動車の普及、プラスチック製品の進出などに示された一九五〇―六〇年代の生活文化の激変は、ヨーロッパだけでなく日本でも、ある意味では明治維新のときより徹底して、人々のうちに起こっている。というのも、その変化が明治維新のような上からの文明開化でなく、一般民がみずから望んで、日常生活の中でそれを選択した結果だからで、そうした事情はヨーロッパの一九五〇―六〇年代の生活文化の変化についてもいえる、工業の発展と所得の増大も前提条件だが、いずれにせよ人々は不便な「伝統文化」より、便利で快適な画一文化を主体的に選んだのだ。ヨーロッパでのこの時期の変化のすさまじさは、当時パリへの留学生だった私もフランスの農村を訪ねて唖然とさせられるようなものだった。ほんの少し前まで使っていた「伝統的」農具が、みな納屋に放りこまれて打ち捨てられている。レヴィ＝ストロースの主宰する社会人類学研究室のメンバーが行なったフランス農村の人類学的調査の結果でも、農民の意識の中での過去の大きな区切りは、一九五〇年代にあり、それ以前は「むかし《オートルフォワ》」になるのだ。

だが、そうした「近代」の驀進《ばくしん》する先に立ちふさがっているのは、地球規模での自然破壊と汚染と資源の枯渇、そして人口爆発だ。ホモ・サピエンスがしばらくその急ぎ足を緩め、いま少し謙虚になって自然の中での人間の位置を測り、人類のさまざまな部分がつくり出してきた文化の多様性を大切にし、それを吟味するゆとりをもつこと――それは白人に追いつめられて「未開」にさせられたあと、こんどはブラジル国家の政策で同化させられ、近代文明に画一化されつつある先住民の、まだ同化が組織的に進められていなかったこの写真集の時代のインディアンに心をひらくことからも、生まれてくるのかも知れない。この本の著者はそう語りたげだし、これらの写真のインディアンの表情が、それをいまの私たちにも訴えているようだ。この写真集に描かれた体験のあと十五年を経て、『悲しき熱帯』でその体験を語り了《お》えたときにもレヴィ＝ストロースは、「世界は人間なしに始まったし、人間なしに終わるだろう」と書き、「歩みを止めること、そして人間を駆り立てているあの衝動、必要という壁の上に口を開けている亀裂を一つ一つ人間に塞《ふさ》がせ、自らの手で牢獄を閉ざすことによって人間の事業を成就させようとしている、あの衝動を抑えること」と記している。

とはいえ、一九三〇年代のブラジルは、インディアンと白人だけで成り立っていたのではない。この写真集にも多く登場する黒人は、欧米諸国のうち最も遅く奴隷制を廃止した（一八八八年）ブラジルが、三〇〇年ちかく、アフリカから輸入しつづけた奴隷の子孫であることはいうまでもない。インディアンが奴隷に不向きであったために、ブラジルは黒人奴隷を、砂糖黍《さとうきび》農場、金やダイアモンドの採掘、そしてコーヒー・プランテーションの労働力として、アメリカ大陸で最も大量に輸入し、そして大量のムラート（黒人との混血）を作り出した。彼らの子孫は解放後も大部分社会の下層にあり、ファヴェーラ（スラム）を形作っていることはよく知られている。そして奴隷制が帝政とともに廃止されたあとでは、その労働力の不足を補うために、ヨーロッパの貧民や、日本からの移民が「大量に輸入される」ことになる。日本からの最初の移民船笠戸丸が、すでに落ち目だったコーヒー農場に割りあてられる日本人契約移民七八一人を積んでサントス港に着いたのは、奴隷制が廃止されて二十年目一九〇八年（明治四十一年）のことだ。その後も日本からの移民は南部のコーヒー農場だけでなく、アマゾン地方へも入植しつづける。

だからこの写真集に描かれている一九三〇年代のブラジルでは、先住民を奥地へ追いやり、一部で彼らと白人との間に混血「カボークロ」を生み出しながら、ヨーロッパ、アフリカ、アジアからの大量の移住者が、都市や田舎で多彩な人間模様をくりひろげていたことになる（『悲しき熱帯』には、日本人移民のことも、ごくわずかだが描かれている）。都会や田舎町の写真からは、そうした一時代の空気が濃厚に立ち昇っている。当時ヨーロッパと併行して台頭しつつあった、ドイツ人移民のファシズムの姿も。

終りに、訳者の立場からの付言を二つ。レヴィ＝ストロースが洒脱《しゃだつ》なデッサンの名手であり、同時に音楽にも造詣が深いことはよく知られているが、その面でもこの写真集に挿入された著者のフィールド・ノートのページは、読者を楽しませてくれる。いくつか走り書きされている楽譜は、インディアンの音楽の採譜であるとのこと。

文中に何度か使われている、アメリカ大陸やインディアン集団の「発見」(découverte あるいはその動詞形)という言葉は、原文では括弧なしに使われているが、和訳ではプロローグで用いられている四箇所だけ、著者との話しあいの結果括弧をつけた。写真説明の方にも何度か動詞形で使われているが、こちらは煩雑になるので括弧はつけなかった。ヨーロッパ人にとっては、著者のような広い見識をもったアメリカ研究者でも(他にも私が個人的に知っている高名な歴史学者も)、アメリカの「発見」と言うことには何の抵抗もないようだ。それはヨーロッパ人の意識にとって、アメリカを「発見」したという主体的意図的な行為と、それがヨーロッパ人にとってもった歴史的意味の当然の帰結であるとも思える。

そのことは、客観的にみてアメリカ大陸を発見したのはコロンブスではなく、ベーリング海峡をこえたインディアンであるとか、極北部分ではコロンブス以前にも交流があったかも知れないなどというのとは、次元を異にする問題でもある。私自身は、非ヨーロッパ人としての立場から、十五—十六世紀のヨーロッパ人のアメリカ「到達」という言葉を使うが、しかし歴史上の一つの時代の性格づけとして、「大発見時代」を、たとえばより中立な「大航海時代」と呼びかえることには反対だ。無論「発見」はヨーロッパ人の側からのことだから、括弧をつけるべきだが、しかし「大発見時代」を、「大航海時代」と言いかえたのでは、コロンブスのアメリカ到達が実現するまでの、ヨーロッパ世界がそこにこめた異常なまでの認識上、実利上の執念、そのために積み重ねられた厖大な、馬鹿馬鹿しいまでの努力——アラブの帆船からキャラベラ船にとり入れられた三角帆をはじめとする航海術の改良、地中海世界で集積された地理上の知識等――という、この歴史上の時代を性格づけているヨーロッパ側のアグレッシヴな主体性が消去されてしまうからだ。そして「新世界」の「発見」がヨーロッパ人の意識に与えた衝撃（それはまた、アメリカ先住民にとっても、受け身ではあったが、自己中心的で獰猛《どうもう》なヨーロッパ人の「発見」だったのだ）がもった歴史的意味も、曖昧にしてしまうことになるからだ。世界史認識におけるヨーロッパ中心主義を真にラディカルに批判するためには、言葉づかいを変えることでかえってヨーロッパ中心主義をうやむやにしてしまうべきではない。時代の呼称にもこめられたヨーロッパ中心主義を、括弧にくくりながら明確化し、それの拠ってくるところを、それこそ世界大の視野で見極める努力をすることの方が、はるかに大切だと私は思う。

（一九九五年八月二十九日、記）

中央公論新社版への訳者あとがき

一九九五年に、拙訳でみすず書房から刊行された『ブラジルへの郷愁』が品切れになったあと、今度中央公論新社があらたに翻訳出版権を取得し、新しくコンパクトな判型で、和訳が刊行されることになった。

再刊にあたって読み直してみて、「プロローグ」に著者が記しているように、人間にとって最も原初的な感覚である嗅覚をはたらかせた、匂いによる過去の喚起がつねに現在であるのに対して、知性と結び合わされて認知する、本書に提示された古い写真が、過去に写されているものの欠如のしるしであることを、まざまざと感じる。

著者レヴィ＝ストロースがこの写真集にこめた深い喪失感が、「郷愁」という日本語に訳したのでは表せない深さと激しさを帯びて、この写真集にはみなぎっている。だからこそ著者は、ノスタルジーといった甘美な想いに結びつく言葉を避け、ブラジルへの想いにおいて共感を抱いていたダリウス・ミヨーの楽曲の題名から、フランス語には対応する語のない「サウダージ」というブラジル語の複数形を、敢えてそのまま原書名（*Saudades do Brasil*）に選んだのであろう。日本語にも「サウダージ」にぴったり当てはまる語がなく、やむなく新版でも「郷愁」とした。

二〇一〇年九月二〇日　川田順造

なぜ熱帯は今も悲しいのか

――「五十年後」のナンビクワラを訪ねて――

ヨーロッパ文明にとっての新世界

人類学者レヴィ＝ストロースが、『悲しき熱帯』を発表して三十年、その核心をなしているブラジルでの体験から五十年たった（一九八四年現在）。その間、彼の構造主義の方法による文化の分析は、人類学をはじめ、人文科学全体に大きな影響を与え、批判を受けた。だが、彼の著作の中でも、自己の学問的形成とその背景を、新世界の重層的な叙述と織りまぜてつづった『悲しき熱帯』は、文化人類学者によるある時代の証言として、構造主義への賛否にかかわりなく、今日も重い意味をもっている。

レヴィ＝ストロースはこの著作に『悲しき熱帯』（*Tristes Tropiques*）という題をつけた。ここでは“tristes”というフランス語には、「悲しき」と日本語に直したのでは表わしきれないニュアンスがこめられている。日本語の「悲しき」が意味してしまうかもしれない、甘美でさえある情感とはおよそ逆の、いやな、暗い、うんざりするといった感覚だ。この本を和訳したときも、私は題の訳出に窮したが、内容を読めば了解されることなので、表題ではあえて「悲しき」とした。このような留保をつけて「悲しき」という日本語を用いるとして、なぜレヴィ＝ストロースにとって、熱帯は悲しかったのか。

ヨーロッパが十五世紀末に見出した「新世界」であるアメリカが、ヨーロッパ社会にとって、刺戟にみちた知的関心の対象となってきたことは、改めて述べるまでもない。人類学とのかかわりでいえば、とくにフランスで、十六世紀のモンテーニュ以来、十八世紀のビュフォン、ヴォルテール、ルソー、エルヴェシウス、ディドロなどの思想家が、「人間」を考える上で、新世界に生きていた人間について知ったことは、衝撃的ともいえる意味を帯びていた。しかし、当時の彼らの新世界についての知見は断片的なものにすぎなかったから、いやむしろ断片的であったからこそ、新世界の人間を観念的に、だが鮮烈なイメージでとらえ、モデル化してヨーロッパの意識を醒めた目で見る拠りどころとすることもできたのであろう。

ビュフォンのように、熱帯が人間を堕落させるとみた思想家もいたし、ヴォルテールは、ルソーのように論理的モデルとして自然状態を文明社会に対置させるのでなく、文明化に価値を認め、当時のブラジル住民は「純粋の自然状態」にあり、ペルーの住民が新世界で最も文明化されていたとみなしたように、アメリカ大陸の住民も含めて人類をさまざまな文明化の段階によって、「歴史的」に（だが、当時の知見の不足からやはり著しく観念的に）とらえた。このように、新世界の「野蛮人」は必ずしも常に理想化されていたわけではなかったし、フランスの重農主義政策によるアメリカでの植民地経営にともなう原住民問題に、十八世紀の思想家たちはかなり実践的関心を抱いてもいた。しかし、ヴォルテールの『カンディード』の舞台としての南アメリカにも如実に表われているように、当時のヨーロッパ人にとっては、新世界はまだ、夢と不思議と可能性を秘めた別天地であり、二十世紀にレヴィ＝ストロースが目撃したような意味での「悲しき」熱帯ではなかった。

ルソーを人類学の創始者とみなすレヴィ＝ストロースは、西洋文明のけたたましい自己肯定と世界制覇の一世紀を経た二十世紀に、ルソーの陰画として現われる。ルソーが人類学的発想の基とした、多分に夢想され美化された未開社会の代りに、レヴィ＝ストロースが旅によって見出すのは、「人類の顔に投げつけられた西洋文明の汚物」だ（中公クラシックス版『悲しき熱帯』中央公論社刊、I、四七ページ。以下同書からの引用は書名を省く）。レヴィ＝ストロースは、若い人類学徒として新世界に赴き、ルソーよりはるかに詳細な知識を未開社会について得ることができたのだが、それはほかならぬ西洋世界の進出によって可能になったのであり、同じ過程の別の帰結として彼が向かいあうのは、西洋文明によって直接間接に蹂躙《じゅうりん》され汚染されたあとの「未開」社会なのである。

そのゆがんだ「未開」の表情の奥に、レヴィ＝ストロースは人間としての共感を読みとろうとし、知の次元で「未開人」を復権させようと試みる。その熱帯にはまた、新世界に吸い寄せられた旧世界の入植者の末裔《まつえい》たちの、夢と悲惨を極限にまで戯画化したような人生も淀んでいた。『悲しき熱帯』36に描かれている、落ちぶれたゴム採取人と娼婦たちの、密林の舞踏会の一夜の情景には鬼気迫るものがある。

すべてを奪われた人びと

『悲しき熱帯』の中でも、ブラジル北西部高地に住むインディオ、ナンビクワラ族についての叙述は、精彩に富んでいる。後にレヴィ＝ストロースが『親族の基本構造』で展開した、互酬関係の一部をなす女性交換システムとしての婚姻という考え方の萌芽も、この社会についての彼の考察のうちに見出すことができるのだが、何にもまして、ナンビクワラの「最も単純な表現にまで還元された社会」「もうそこに、人間だけしか見出せなかった」（Ⅱ、二三六ページ）ような社会、「すべてを奪われ」、「何か恐ろしい大変動によって、敵意をもった大地に圧《お》し潰され」（Ⅱ、一九二ページ）、物質生活が極限にまで単純化された、それでいてあるいはそれだからこそ、気まぐれで、陽気で無遠慮な彼らの感情生活に、私は心を惹かれた。『悲しき熱帯』の記述に接して以来、ナンビクワラを訪ねることは、長い間私の念願だった。

一九一四年にこの地方を旅した、アメリカの元大統領セオドア・ルーズヴェルトも、その旅行記の中で、この裸族のことを「アフリカのどこでも、私はこれほど野性的で、これほど完全に未開な野蛮人に出会ったことはない。それでいてこのインディオたちは、文化の同じ段階にあるアフリカのどんな部族よりも人好きがし、よい顔立ちをしている」（Theodore Roosevelt. "*Through the Brazilian wilderness*", J. Muray, London, 1914: p.208）と書いている。その後、アメリカの人類学者オバーグ、プライス、アスペリン、ハンガリーの民族学者や音楽学者、ボグラール、アイタイ、ハルモス、その他アメリカの生物学者や言語学者のグループなどが、ある者はかなり長期間ナンビクワラのところで調査を行なっている。ルーズヴェルト以前にも、二十世紀はじめのロンドン、ロケッテ＝ピントなどの短い記述がある。

だが、これら全体としてあまり多くはない、しかもさまざまな点で互いに一致しない資料を通覧しても、嶮《けわ》しい地形と猛烈なブヨ、ダニのために、「文明人」が住みにくい広大な地域に、小さな群れ（それらは北、中、南の著しく異なる方言の群れにまとめられるが）に分かれて、かつては遊動性の大きかった生活をしていたらしいナンビクワラの全貌をつかむことは困難だ。第一、各々の群れの大体の居住地を示す地図さえ出来ていない（一、二発表されたものも、現地へいってみるとひどいでたらめだということがわかる）。

開発の大波の中で

「ナンビクワラ」というのは、トゥピ語で「耳の長い連中」（耳朶にかつて栓をはめていたため）という意味で、他のインディオと異なって彼らがハンモックをもたず、地面に裸でじかに眠るところから、「地べたに眠る奴ら」とも綽名《あだな》されている。彼ら自身は、外からナンビクワラと呼ばれている範囲の集団を総称する名をもたず、群れのそれぞれに名があるだけだ。言語の上からも、著しい方言差を含むナンビクワラの言語は、他のインディオ諸語とは類縁関係をもっていないとみなされている。

その上、インディオとしては皮膚の色がかなり黒いこと、比較的毛深い上に毛髪がかるく縮れていること、他のインディオが髭、眉毛を抜くのに対してナンビクワラの男はしばしば髭をたくわえることなどの点でも、彼らは周囲のインディオからは孤立した集団を形作っている。このため、彼らは近くのヴィラ・ベラに十八世紀半ばに金鉱が発見されて、東部から連れてこられた黒人奴隷の脱走者との混血ではないかという憶測もあった。しかし、現在まで、知られている限りのナンビクワラの血液型はすべてO型であり、これは数百年にわたって人口集団の隔離があったことを示唆している。

さまざまな変異をもった彼らの住居は、近隣のインディオからの借用であり、元来彼らは家をつくらなかったのではないか、乾季の遊動的な狩猟採集生活と、雨季のきわめて素朴な農耕の比重がどのくらいのものだったのかなど、文化の基本的な点についてさえ、報告者によって意見が分かれている。レヴィ＝ストロースの魅力的な記述のためもあって、これほどよく名が知られていながら、実態がわかっていないインディオもめずらしい。人口はたびたびの疫病による死亡で減少を重ね、一九四八年発表の資料では一五〇〇人くらいと推定されていたが、現在のＦＵＮＡＩの集計では乳幼児を含めても合計七六三人。最小一四人、最大一一九人という十一のインディオ居住地の群れに分かれ、南北三〇〇キロ、東西二〇〇キロの起伏のはげしい荒地に分散して生きている。単一の民族としては、絶滅一歩手前といっていいかもしれない。

ナンビクワラ地帯の中心地であり、ＦＵＮＡＩの地方支部のある町、ヴィリェーナにブラジル国内航空の定期便で到着して、『悲しき熱帯』で読んだヴィリェーナとの違いに唖然とした。一九三八年にレヴィ＝ストロースが来た頃には、この荒地のただなかの電信局村の住民はわずか二家族になっており、八年来食料の補給がないので、銃弾を倹約するために毎週一頭ずつ鹿を撃って命をつないでいた。それが一九八四年現在は人口六万、テレビ局、サッカー場、二軒のスーパーマーケット、冷房完備でテレビつきのホテルも何軒かある都市に変貌していた。

世界銀行の融資を受けてすすめられた北西部からアマゾン地方にかけての開発計画の一環として、国道三六四号線がつくられ、この地方にマホガニー、サクラなど良質な木が多いため、製材の一大中心となり、現在ヴィリェーナには一二〇の製材所がある。恐るべき勢いで木が伐られていることは、飛行機から、下にひろがる森のいたるところに、かみそりで剃りとったあとのような赤茶けた空地が口をあけている光景を見てもわかる。ＩＢＤＦ（森林保護局）は、植林を条件として伐採を許可しているのだが、実際にはこの条件は守られていないという。木を伐りつくした南部の人たちが、いまも毎日のように移住してきて木を伐りつづけている。

国道三六四号線が、ナンビクワラ地帯を突っ切って、マディラ川沿岸のポルトヴェーリョからブラジリアまで開通したために、道路に沿って森林の伐採は進み、農牧場も数多く作られてインディオは土地を奪われ、白人の病気に感染するなどの問題が起こった。そこで開発に融資を受けたのと同じ世界銀行から援助を受けて、インディオ保護を強化した。それゆえ、財政的にはこの地方のインディオ保護は、ブラジルの中で最も恵まれているらしい。ナンビクワラ地帯に十一ある駐在所の大部分もここ数年来できたものだが、簡素ながら設備が整い、家族連れまたは独身の駐在員と、診療所に常駐の看護婦がいる。

ヴィリェーナの町はずれには、三年前につくられた十八床の病院や歯科診療所、宿泊施設などを備えた「インディオの家」があり、銃の暴発で負傷した少年や、野豚に腿を噛まれた男などが入院して、見ていても感動するような心のこもった手当てを受けている。ほかにいろいろな用事で町に出てきたナンビクワラたちもここに泊っている。乳呑子を抱いた女、青年、子ども、みな表情が明るく、はじめて訪ねる外来者に対しても人なつこい。

ＦＵＮＡＩに働く職員がまた、みな善意にみちた献身的な人たちだ。支部長から事務員、インディオ地区駐在の人たちまで、いろいろな局面で接してみて、彼らがいわゆるお役目でうわべを繕ってつとめているのでなく、心底インディオのために良かれと願って働いているのだということを感じさせられた。とくに私が讃嘆したのは、交通不便で電気も水道もない、蚊、ブヨ、ダニのはびこる草深いインディオ地区駐在所で、粗末なものを食べ、一滴の酒も飲まずに暮している、職員や看護婦、教師たちの、聖職者にも似た禁欲、献身ぶりだ。

こうした人たちの、生いたち、ＦＵＮＡＩに入った動機などをたずねてみると、父がセルタニスタ（僻地でインディオ教化のために働く人びと）だったとか、幼いときからインディオと接触する環境に育って共感をもったとか、中学生のときＦＵＮＡＩの人の講演を聞いて感動したといった、ヴォランティア・タイプの人が多い。奥地の生活が好きで、就職難の折からある期間勤めて貯金し、土地を買いたいという青年もいたが、彼とても職務に関するかぎり、理想に燃え、インディオへの思いやりにみちて振舞っている。インディオや黒人の血の混じっている人も多いが、白人も少なくはない。ＦＵＮＡＩの職員になるには、何十倍という難関の試験を突破し、一年間の試験的実習を経なければならない。よほど持続する熱意をもった者でなければＦＵＮＡＩには入れないわけだ。

ＦＵＮＡＩのどこの支所にも、ロンドン将軍（一八六五―一九五八年）の大きな肖像がかけてある。ロンドンはオーギュスト・コントの人類教の博愛・自己犠牲の精神の熱烈な信奉者であり、「たとえインディオに殺されてもインディオを殺すな」を信条としてインディオ教化に献身し、ＦＵＮＡＩの前身であるＳＰＩ（インディオ保護局）を創始した。彼自身ボロロ・インディオの血を濃く受けており、晩年外出できなくなってからも、インディオの青年男女や子どもを自宅に招いて、自分の孫や曾孫だといって愛《いつく》しんだという。

ナンビクワラ地帯に入る

ＦＵＮＡＩの支所で現実的条件についても相談を重ねた結果、まずキタウリュの村を訪ねた。ヴィリェーナから国道三六四号線を北へ四〇キロ、そこから西へはずれて、シダの下草が茂り、流れに蝶が群れている起伏のはげしい悪路を、四輪駆動車で三十六キロを一時間半かかって行った疎林地帯にあるインディオ地区だ。カンポス・ノーヴォスとも呼ばれている地方で、『悲しき熱帯』の中で、「一ダースほどの人たちが、マラリア、ライシュマン寄生虫、十二指腸虫、それに何よりも飢えのために死にかけていた」（Ⅱ、三五二ページ）と記されているところである。

現在は住民八五人、それまでのトウモロコシ、マンジョーカの農耕のほか、ＦＵＮＡＩの指導で乳牛を飼うようになり（牛乳は消費する）、近くの森で野生ゴムを採取し、ＦＵＮＡＩを通じて売るようになった。野生ゴムは高額とはいえないが確実な収入になり、このキタウリュ村でも今年前半の六ヵ月間に一・五トンのゴムを取り、約三百万クルゼイロ（当時のレートで四〇万円くらい）の現金が入っている。そのほか、Ⅱ章にも述べたように、ＦＵＮＡＩによって六十歳以上と認定された人（実際の年齢は誰にもわからない）は、政府の農業基金から、ブラジル市民の労働者なみに、月額六万五千クルゼイロという、ブラジル庶民の所得水準からみても決して少なくない養老年金を受け、だが法的には未成年の扱いを受けている。

これらの現金収入によって、この村の人たちはＦＵＮＡＩの指導で板張りの家を建て、自転車やトランジスターラジオ、衣類、銃や弾薬、金属の鍋や砂糖を買っている。小屋の中には、板のベッドがつくられ、毛布をかけて眠る。キタウリュの住民は、男は上半身裸の人もいるが、全員パンツやズボンをはき、男もたいていはシャツを着ている。四十くらい机と椅子の並んだ学校があり、若い白人の女の先生が一人勤務していて、村の人の大部分は、ある程度ポルトガル語が話せる。

物質生活が大きく変っているこのキタウリュ村でも、五十年以来変っていないのではないかと思われることも多い。金属の鍋が入ってきたために、かつては交易で他の群れから手に入れる土鍋で、僅かにやっていたにすぎない「煮る」調理法が普及した一方で、焚火の灰にバッタや川ですくってくるタナゴのような小魚を埋めて焼いて食うことは、依然好まれている。

若者がトランジスターラジオを抱えて村の中を歩き、ラジオを通じて音楽の聖性は剝奪されたのではないかと思ったが、五十年前の記述と変らない、四穴の長い竹のタテ笛ワイゾを男が吹くとき、女が見てはならないというタブーは、傍目《はため》にはいぶかしく思われるほどの仰々しさで守られている。女が右肩から左脇へ輪になった帯をかけて赤ん坊を吊る抱き方も、かつての樹皮や手織の綿布の帯がプラスチックや化繊の帯に変り、女がワンピースを着ても、同じ恰好でつづいている。ババスーという木の実の殻や淡水産の貝で女性が丹念にこまかい珠を刻み、揉み錐で穴をあけ、紐に通して首飾りをつくる作業、額から帯で背負う、上が盃形にひらいた円筒形の竹籠を、地面に正座した膝の上で、素早く指を動かして編む作業なども、今までと同じく、これからも当分変らずにつづくのではあるまいか。銃がかなり入っている一方で、弓と、披針形の竹の矢尻、鷹の矢羽根の大形の矢も作られ、使われている。ブラジル市民には狩猟は全面禁止なのだが、インディオには許されており、この点でも一般人立ち入り禁止の立て札のあるインディオ地区は、治外法権を享受する、国家の中の「聖域」をなしている。

かりそめの「豊かな」社会

二番目に訪れたワスス村は、ヴィリェーナから国道を一八〇キロ南下し、そこから東南へ三〇キロの道を、二時間近くかかって、途中ゼブ牛の群れる大きなファゼンダを二つ通り越した森の中にある。男二九人、女二七人の住民が、互いに一キロぐらい離れた三つの集落に分かれて暮している。

ここでは野生ゴムの採取は行なわれておらず、バナナやトウモロコシの栽培と乳牛の飼育がFUNAIの駐在員の指導で試験的にはじめられたところだ。だが森の中に植えたバナナはとりきれないほど実をつけているし、森のあちこちに植えてあるマンジョーカも、掘り棒で根をとったあとひとかけらを埋めておけば、またいつの間にかそれが大きくなる。いわば人間に保護された半野生植物の採取に近い「農耕」は、私が訪れた七月末という乾季のさなかにも行なわれていた。トウモロコシもとれすぎて、向こう二年分くらいはあるという。穀物置場に使われている、一六×五メートル、高さ四・五メートルの大きなワラ小屋の棚に納めきれず、小屋の前の空地にうず高く積まれ、高さ一メートル、口径六〇センチくらいのいくつもの大きな背負い籠が、よく熟れたトウモロコシの穂を一杯詰めて、立ったり横倒しになって、中身がこぼれたりしたまま放置されており、誰も関心を払わない。よく肥えた鶏たちも、飽食しているのかついばもうともしない。私が長くつきあってきた西アフリカの、慢性飢餓状態の農村の人たちがこれを見たら何と思うだろうか。

焚火の周りにもマンジョーか、サツマイモがごろごろしており、好きな時灰に埋めて焼いて食う。鍋には煮えたインゲン豆が入っている。小魚、蜂の子、いろいろな木の実などの「嗜好品」にも事欠かない。FUNAIから支給された乾燥マカロニなども、大箱入りのまま放置されている。

乾季のさなかだが、彼らはかつてのように、飢えないために食料を求めて遊動生活をしてはいない。男たちは焚火のそばで矢をつくるのに熱中している。時折、食料獲得の必要にせまられてではないが、弓矢をもって野豚や鹿をとりに出かけてゆく。女たちも、ふと思い立ったように森へゆき、バナナやマンジョーカで背負い籠を一杯にして戻ってくる。それから火の中からサツマイモをとり出して食べたり、森でとってきた木の実や蜂の子を、子どもたちとつまむ……。

椰子の葉で覆った小屋は、トウモロコシなどを貯えておく物置きの役割が大きく、雨が降らないかぎり、外の焚火のまわりが彼らのすみかであり夜もそこでからだに灰をまぶして眠る。彼らの説明では、小屋の中はダニがひどいからだという。

たしかに、他のインディオのように、ハンモックに寝て地上の虫を避けるのでないとしたら、焚火の灰の中で眠るのが最善の対策かもしれない。この点では、先に述べたキタウリュ村の人たちが板張りのベッドに眠るようになったのは、別の解決法であるといえよう。ワススでも、少し離れた二つの分村のそれぞれに、板のベッドのある家と、ハンモックとスポンジマットのある家が一戸ずつあり、

ありあまる食料（ワスス）

昔ながらの背負い籠を編む
(キタウリュ)

そこでは小屋の中で火を焚き、小屋の中で眠っていた。

ともあれ、ワススの本村の人たちは、『悲しき熱帯』の記述にある五十年前の乾季の生活と同じように、屋外の焚火のそばに、椰子の葉で傾斜した衝立てをつくり、明け方などからかなり強く吹く冷たい風から、自分たちと焚火を守っている。灰を裸のからだにまぶし、夫は妻をうしろから抱き、母親は乳呑子をかかえ、子どもやひとりものはからだを曲げ、両手を腿の間にはさんで少しでも熱の放散を防ぐような姿で。その限りでは、彼らはかつての乾季の遊動的だった野外生活を、今度は定着して行なっているともいえる。

食事、睡眠、挨拶など生活全般の「きまり」のなさ、遠慮、感謝、謝罪、執着、羨望等の感情の屈折を含まない、喜びと悲しみと怒りという、三祖型にまで還元されてしまったかのような彼らの感情生活も、アフリカの儀礼性と屈折した人間関係にみちた王制社会とつきあってきた私には新鮮な衝撃だった。その点でもナンビクワラは、最少の物的装置と最も単純な社会組織で、自然とも人間ともこの上なくストレートにかかわっていた頃の生活意識を保っているのかもしれない。彼らは貯蔵欲をまったく示さないし、貨幣にも何の関心ももっていない（貨幣を媒介とする「外界」との交渉はすべてFUNAIが行なっている）。

たしかに、生活のある面は、五十年前と変っていないかも知れない。同時に彼らは、レヴィ＝ストロースがかつて見たような、「すべてを奪われた」人たちではもはやなく、彼らの社会は、食べるものにも不自由のない「豊かな社会」であるようにみえる。だが、それは押しとどめようもなく進みつ

FUNAIから支給されたコンデンスミルクを水に溶き、ヒョウタンの杓子で飲む（ワスス）

インゲン豆を水に漬けてふやかしてから夕テ杵で搗く（ワスス）

つある「開発」の大波にいずれは呑みこまれてしまうまでの、文字通りのモラトリアム（猶予期間）に、FUNAIの防波堤のかこいの中で、莫大な外からの援助でつくりだされている、みせかけの「豊かな社会」だ。そしていうまでもなく、それは「かりそめ」のものだ。経済危機のブラジルにとって、のこされた土地の開発は至上命令であり、その一方、FUNAIがこれほどの保護を与えていられるのは、すでに述べたように、世界銀行の融資のお蔭なのだが、それは一九八五年で終るからだ。いまでさえインディオを優遇しすぎるという批判が、国民の間にある状況で、財政難に苦しむブラジル政府が、どれだけの力をインディオ保護に割きつづけることができるか、見通しは暗い。だからこそ、いまのうちということで、できるだけ設備も整え、養老年金もとっておこうという気持ちが、FUNAIの人たちの間にもつよいのであろう。

インディオ——殺戮と保護と

ブラジルのインディオ問題は、南アメリカの中でも特殊な事情をはらんでいる。まず、高い人口密度を持った、集約的農耕民がいなかったために、ペルーでスペイン人が行なったような、農民を土地ごと支配して収奪する方式が成り立たなかった。

ポルトガル人によるブラジル開発は、十六世紀以来の東北部の砂糖キビ農場、十八世紀に中部に金やダイヤモンドが発見されてからの鉱業、十九世紀に入ってからの南部のコーヒー農場と、安価で酷使に耐える大量の労働力を投入する農場、鉱山開発の形をとった。

一般に人口密度が低く、粗放な農耕を行ない、狩猟採集も重要だったブラジルの先住民を捕えて奴隷化する試みが失敗したあと、アフリカからの大量奴隷の輸入がはじまる。先住民が早い段階で植民者の社会に統合されなかった一方、ブラジルの広大で、白人植民者が容易に入りこめなかった奥地には、多くのインディオ社会が、白人植民者と無接触のまま存続した。

現在でもまだ間接にしか「ブラジル側」に知られていない集団が、北西部やアマゾン地方にはあちこちに存在する。もちろん内陸進出の過程で、開発探検師バンデイランテや、インディオ討伐の請負い師、ブグレイロやカサドール・デ・インディオスがインディオを殺戮もしたし、入植者との間に混血もすすんだ。このような状況で、インディオの血がむしろ支配的であるペルーに根強くあるような、インディオ文化を自分たちのルーツとみるインディオ主義の思想も、ブラジルには成立しにくい。

今日インディオとして認定されている人たちは、二十万足らずに減ってはいるが、ブラジル社会に統合されないままに生きつづけている。ブラジルの経済は苦しく、大都会のファヴェーラで窮乏生活を強いられている多数の黒人奴隷の子孫も含むブラジル市民の負担で治外法権を享受し、内陸の開発にブレーキをかけているインディオを、早く同化させてしまうべきだという強硬論がある一方で、理想主義的なシングー国立公園の立案者であり、インディオ問題に一生を捧げてきたヴィラス＝ボアス四兄弟に代表される、インディオ文化擁護論も、ニュアンスの差はあれＦＵＮＡＩに働く人たちの多くに共有されている。だが擁護論者でさえ、インディオがいつまでもブラジル市民社会に統合されずに存立しうるとは考えていない。ナンビクワラの例でも明らかなように、彼らの存在自体が、今日すでに、ブラジルという国家の枠組みの中で保証されているような状況になっているのだから。

ヴィラス＝ボアス兄弟の長兄のオルランドは、私の質問に答えて、自分もインディオの将来については悲観的になってきたと述べ、⑴これまでもブラジル人との接触の結果、彼らは次第に文化的独自性を失ってきた、⑵ブラジル国家がインディオの問題をもっと深く考えるべきだ、⑶インディオが文化的アイデンティティーを保ったまま統合されれば一番よい、⑷インディオは、フォルクローレの対象――つまり人類学者の関心の対象や観光的好奇の対象であることをやめたとき、ファヴェーラの人間になるのではないか、しかし性急な同化は無理、という、苦渋にみちた見解を述べてくれた。

このようなジレンマの中で、FUNAIの「現場」で働く人たちの間には、⑴インディオが、伝統的な知恵や技術も生かしながら、彼らの手で「開発」をすすめてゆけるように指導すること、⑵ポルトガル語の学習はじめ、来るべき統合に適合できる準備をすすめること、という二点に要約しうる意見がつよい。

たしかに、「インディオ自身による開発」の構想は、最も現実的で、インディオ統合論者に対しても説得力をもちうるだろう。

だがそれも、国際資本に支えられ機械化された大規模な開発に対して、どれだけの抵抗力をもちうるだろうか。私が行っている間も、ナンビクワラのインディオ地区で金が発見され、そこに入った外部の採掘者をFUNAIが実力排除するという紛争があった。だがその後、FUNAIはこの金の外部の者による採掘を認めることに踏み切ったという。

人類学者はその使命からして、インディオ文化の擁護論に立つことが多い。しかし彼らがカトリック左派とも協調して、過度にインディオを煽動し、政治的に利用しているという批判も高まっている……。

まだ打つべき手はあるのか

右のようにみてくると、ブラジルのインディオ問題は、いま私たちが世界大の規模でかかえている問題の縮図であり、現代の人類学者が直面するジレンマが、そこではきわめて尖鋭な形で提起されていることがわかる。

ブラジルのインディオをめぐって人類学者が直面させられる問題は、アフリカで、東南アジアで、オセアニアでも起こっている。

ブラジルの場合、それが一国家内部で生じているだけに、問題は一層緊迫しているようにみえる。だが地球上の「文明」ないし「先進」と呼ばれる部分と、「未開」ないし「低開発」と呼ばれる部分相互のかかわりあいが密度を増している現在、ブラジルのインディオについて提起されている問題は、「先進」工業国とのかかわりでの「低開発」国の、たとえばアフリカ社会の問題でもある。黒人アフリカ社会が育ててきたさまざまな文化の価値、それを人類学者である私は理解し、私たちの文化を根底から問い直す梃子《てこ》として、また、西洋文明を相対化し、私たちの西洋偏重を是正する足場として用いることができるし、そのことに私は意義を認める。だがそれを「彼ら」が現に生きている社会にもちかえって、彼らの現在および将来の中で有効性をもたせようとするとき、彼らが直面している飢えや貧しさ、それを救うものとしての「開発」とのかかわりで位置づけようとするとき、私は厳しい試煉に立たされる。

私が彼らの文化の中に認め、称賛し、自らを省みる手だてとするようなもののほとんどは、いまアフリカ社会に押し寄せているさまざまな意図をもった「開発」——そのある側面と物質的豊かさを、アフリカの人たちも切実に求めている——に対しては否定的に働くものだからだ。ただ、そのいくつかのものに関しては、私も開発論とのかかわりで、肯定的な主張をすることはできる。それが大規模な開発論を前にして、いかに無力なものにしかみえないにせよ。ちょうどブラジルのインディオ擁護論者が、固有の価値を失うことなく、伝統的な知恵を生かしてインディオ自身の手で「開発」をすすめることの必要と困難を感じているように。

現在、地球上のどんな「未開」社会も、十六世紀のヨーロッパ人にとって新世界がそうであったような別天地ではないし、五十年前のレヴィ＝ストロースにとってのナンビクワラ族がそうであったような、一期一会の、互いに政治的、倫理的にも無関係な存在でもない。人類学者が関心をもつ「未開」社会は、別のことばでいえば「低開発」社会であり「低開発」は「先進」とか「高開発」とのかかわりにおいて存在しているのである。そして『悲しき熱帯』の時代も含めて、かつての古典的民族学者、人類学者のように、「未開」社会の標本や資料を、人類学者の住む社会にもちかえって成果をあげればすむ状況に、いま私たちはいない。人類学者は研究対象とされている社会との政治的、倫理的なかかわりで、研究の成果を「彼らの」社会にも還元することを求められている。そのとき人類学者は、彼がこれまで関心をもってきた「未開」が、政治・経済学者の領域とみなされてきた「低開発」の別の側面であることを、否応なしに知らされるのだ。

レヴィ＝ストロースが『悲しき熱帯』で、「アマゾンの森の野蛮人たちよ、機械文明の罠にかかった哀れな獲物よ、柔和で、しかし無力な犠牲者たちよ」（I、五四ページ）と呼びかけ、「文明はもはや、地方種の豊かな土地の、囲いをした片隅で人間が守り、骨折って育てたあの傷付きやすい花ではない。地方種は、その旺盛な活力によって脅威も与えるが、しかしその半面、変化に富んだ強壮な苗を生みだすことも可能にしていたのである。人類はいまや、本式に単一栽培を開始しようとしている」(I、四七―四八ページ)と指摘した状況は、三十年後の今日、さらに暗く、私たちにのしかかっている。そして「もう打つべき手はあるまい」(I、四七ページ)という絶望感も。だが、私はまだ絶望したくない。

3

Recueil général des écrits

sur Claude Lévi-Strauss

日本についてレヴィ＝ストロース先生が私たちに教えて下さったこと

シンポジウム「レヴィ＝ストロースと日本」（二〇一六年五月、パリ）での基調講演

このような機会に、レヴィ＝ストロース先生についてお話するのは、私にとって大変な名誉ですが、それにも増して大きな歓びでもあります。なぜなら、先生は今も常に私の心のなかに生きていらっしゃって、何か新鮮な経験をしたときに、私がすぐ心のなかでそれについて報告するのは、先生だからです。

今日は、私に与えられた時間の範囲内で、お手許の要旨にも記されています五つの点をめぐって、レヴィ＝ストロース先生を思い起こさせていただきたいと思います。

日本人の浅い歴史意識と組み合わされた神話の現前性

第一に私は、先生がなさった「縄文」文化の再評価について述べたいと思っていたのですが、縄文文化についての大専門家である、港千尋さんがこのシンポジウムでの講演を引き受けて下さいました

ので、私は一点について、触れるにとどめたいと思います。パリの日本文化会館で一九九八年に開かれた『日本芸術の原初』と題する大規模な縄文文化展覧会の図録にお寄せになった文章で、先生は縄文土器制作者たちの「創造への飛翔」が、今日もなお時代を超えて、日本の芸術を特徴づけているという指摘をなさっておられます。

換言すれば、ここでレヴィ＝ストロース先生の関心を惹いたのは、日本人の美意識の「超時代性」だったということができますが、日本文化に見られる「超時代性」は、一九八六年、つまりパリでの「縄文展」の図録にお書きなる十二年前に、九州の神話にゆかりの地方を訪ねられたときにも、先生の心に印象づけられた日本人の特性でした。

ヨーロッパ人の歴史意識にくらべて遙かに浅い歴史意識と結び合わされた、日本人にとっての神話の現前性は、『月の裏側』のなかで、とくに「世界における日本文化の位置」や「知られざる東京」などの章で、何度もなされている、日本人がこれまであまり自覚しなかった点の、注目すべき指摘です。

「自然」に対する日本人の二面的な対応

次に第二の点、括弧付きの「自然」に対する日本人の、二面的な対応についてお話しします。

日本においでになって、レヴィ＝ストロース先生は、見事な庭園、花を用いた芸術活け花、そして日本料理にいたるまでに見られる自然への尊敬と、この同じ自然の激しい破壊、とくに一九八六年、四回目の日本訪問で、桜の盛りの隅田川をご夫妻で、江戸＝東京研究家の陣内秀信さんや芳賀徹さん、川田夫婦と一緒に、小舟で訪ねられた時に印象づけられた、著しい自然の損傷との対比に、衝撃を受けられたのです。

それまで先生が抱いておられた隅田川のイメージは、一八〇五年に葛飾北斎が描いた有名な『隅田川両岸一覧』のものだったのです〔写真1、2、3、4〕。ご参考までに、その直後に私が写した、ほぼ同じ場所の隅田川の写真〔写真5、6、7、8〕と、辛うじて保存されているかつての渡し場の石灯籠〔写真9〕、明治時代の渡し船の写真〔写真10〕などを見ていただきます。

けれども一九〇八年明治時代の終わり近く、つまり北斎がこれらの作品を完成してやっと一世紀余りしか経っていない時代すでに、アメリカ合衆国とフランスで五年近く過ごしたあと帰国してこの隅田川を見た日本の作家永井荷風は、当時人々が「近代化」と呼んでいたことのために、隅田川が荒廃させられていたことに衝撃を受けています。荷風は、直ちに筆を執って記憶のなかの隅田川の四季を克明に描き、そこに展開される恋物語を四ヵ月で書き上げ、古くからの隅田川をよく知っている親友に校閲してもらって一九〇九年二月号の雑誌に発表しました。この作品『すみだ川』は、名作としてその後現在まで、版を重ね読み継がれています。

それから七十八年後、レヴィ＝ストロース先生は、隅田河畔にもたらされたさらなる荒廃に、深く幻滅なさるのです。

この現象を説明するのに、レヴィ＝ストロース先生は、日本人は人間と自然とのあいだに断絶的な区別を立てないので、時と場合によって、そのどちらかを優先し、必要なら人間の必要のために自然を平然と犠牲にする、人間と自然は仲間同士なのだから、という見方を提示されます。

この、状況に応じた二者択一は、先生の日本の友人が日本人のものの考え方の一つの特徴として、「ダ

写真 1

写真 2

葛飾北斎『隅田川両岸一覧』

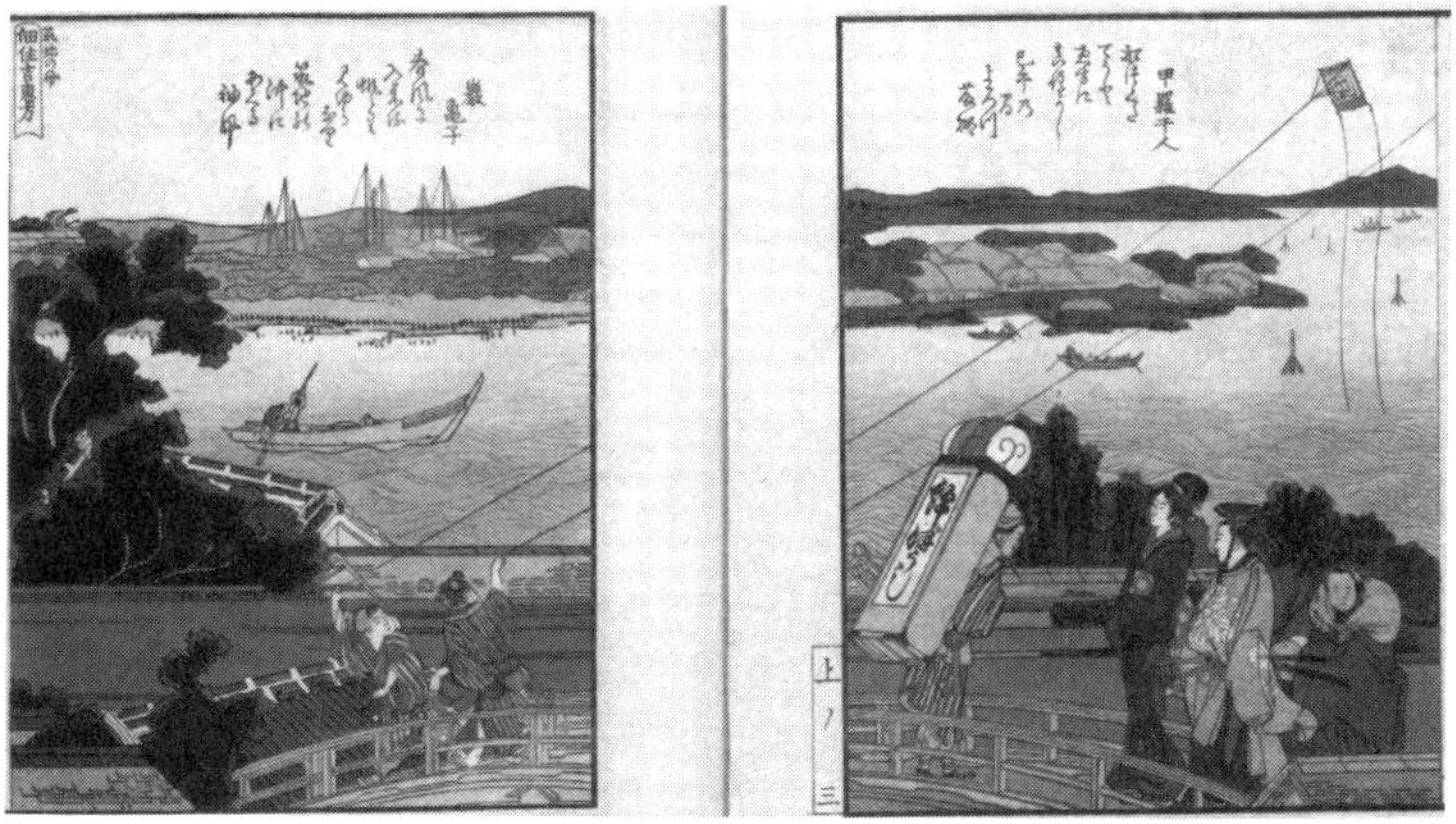

写真 3

写真 4

ブル・スタンダード」という言葉で先生に説明されたとのことですが、これは捕鯨の制限をめぐる議論などでも、しばしば西洋人からは、一種の「ずるさ」と見なされてきたものです。

日本人の浅い歴史意識と結び合わされた神話意識の現実性

私が提示したいと思う第三のテーマは、日本人の浅い歴史意識と結び合わされた神話意識の現実性です。この点に関して、レヴィ゠ストロース先生は、日本列島で初めて記された歴史は、八世紀に現われるが、これはヨーロッパにおけるものと比べて遙かに新しく、日本人はごく自然に、歴史を神話に根付かせると考えます。

この点についてレヴィ゠ストロース先生は、一九八六年に九州の建国神話に関わる遺跡を訪ねたときに、それを確証するような体験をなさっています。神話を信じている来訪者たちにとっては、歴史性といったことは問題にならないのです。二つの遺跡が、天皇の大祖先である天照大神から遣わされた使者ニニギノミコトが、天から降ったのを迎えたことになりうるのですから。

文化相対主義の限界を知る必要——馬肉食をめぐって

私が取り上げたいと思う第四の点は、文化相対主義の限界を知る必要があるという、レヴィ゠ストロース先生のお考えで、事例として取り上げるのは、馬肉食です。

よく知られているように、レヴィ゠ストロース先生は、文学や芸術全般においてだけでなく、料理についても、きわめて洗練された好みをおもちです。

グルメでありながら、味覚において強い好奇心をおもちであることは、『悲しき熱帯』のいくつもの記述からもよく分かります。例えば、カデュヴェオ人のところで、「コロ」というウジ虫を生きたまま試食し、この虫の白っぽい脂は、バターのように濃厚で細やかであり、ココヤシの乳液の旨味をもっている、と記しておられます。

先生の日本滞在中、私は先生や奥様と食事を共にする機会が何度もありましたが、異なる文化の味覚を賞味なさる先生の能力を、賛嘆の念で確かめました。

例えば、丸のままの泥鰌《どじょう》を何十匹も鍋で煮た「泥鰌鍋」、生の鯉を薄切りにして氷の上に乗せ、酢

写真5

写真6

写真7

味噌をつけて食べる「鯉の洗い」、生の海鼠《なまこ》の腸を塩漬けにした、酒の肴として賞味される「このわた」、等々。こうした食体験のすべては、先生にとって食物の領域における文化相対主義の実践であったと思われます。

ところで、先生の味覚の著しい柔軟さを私が賛美していたある時、先生は私にこう質問されました。「日本で、私は生まれて初めてのものを沢山味わい、どれも皆、おいしいと思いました。けれども、私が食べられなかった唯一のものがあります。何だったか、分かりますか?」。考えましたが私が答えられずにいると、先生は「馬肉ですよ」とおっしゃいました。

写真 8

写真 9

写真 10

フランス人やイタリア人のかなりの人たちと同様、私自身も含めて日本人の多くは馬肉を食べます。その鮮やかな赤い色から「さくら」とも呼ばれ、焼いたり、鍋にもしますが、薄切りの刺身にしても賞味されます。馬肉の刺身は、フランスの“steak tartar”（タルタル・ステーキ）を連想させますが、タルタル・ステーキのように沢山のスパイスを使わず、多くは生姜醤油をつけるくらいです。

フランスでは最近は農耕馬を使わなくなって供給が減り、ハンガリーなどから輸入していると聞きましたが、私がパリに暮らしていた頃には、各街区に一軒くらいは、金色の馬の首の看板を出した馬肉専門店があって、他の肉屋と定休日を変えていましたから、家庭での消費もあったのだと思います。レストランやフランス人の家でも「タルタル・ステーキ」は、よく食べましたし、パリでは二十区に多かった牛豚の食肉処理場と別に、十五区のヴォージラール通りに馬肉専門の処理場があったのを覚えています。「タルタル・ステーキ」は、ご承知のように牛肉でも作り、フランスでは「スウェーデン風」などとも呼ばれますが、寄生虫の問題があるとも言われ、馬肉のものほど一般的ではないようです。

レヴィ＝ストロース先生は、ヴェルサイユのブルジョア家庭で育てられ、馬は高貴な動物だという観念がしみついているので、馬肉を使った料理に反射的に嫌悪を覚えるのをどうしようもない、と言われました。そこでは食物における文化相対主義を一時停止せざるをえないが、文化相対主義における我々の限界を知ることもきわめて大切なことだと言われました。先生が、他の領域や人間関係でも、好き嫌いがかなりはげしいことは、私もよく知っており、先生ご自身も認めておられます。

レヴィ＝ストロース先生がお亡くなりになった翌年でしたが、先生のブルゴーニュのお住まいから遠くない、ビブラクト地方の先住民ゴール人の広大な遺跡内に作られたケルト文明博物館を訪ねる機会がありました。そこで私が知ったのは、ゴール人社会では、馬を公然と食べる権利をもっていたのは王だけだったということでした。このことを、レヴィ＝ストロース先生に報告して、ご意見を伺えなかったのは、残念でした。

因幡の白兎論――レヴィ＝ストロース先生の日本文化への偉大な貢献の一例

私の基調講演の五番目、最後の項目として挙げさせていただくのは、レヴィ＝ストロース流「文化の三角測量」が目覚ましく成功した、日本文化への先生の偉大な貢献の一例である「因幡の白兎」の分析です。これは『月の裏側』に再録されていますが、もとは当時私の勤めていた広島市立大学での同僚だった篠田知和基さんが編集していた『神話・象徴・文学Ⅱ』という論集（二〇〇二年九月五日、楽浪書院発行）に載せるために、私がレヴィ＝ストロース先生にご寄稿を依頼し、先生が新しく書いて送って下さった、私にとっても大層思い出深い論文です。

私が「文化の三角測量」という、地測の方法から援用した、私の場合日本、フランス、モシ（西アフリカ）という、地理的にも文化的にも著しく隔たった、しかし人類の文化を考える上で、アジア・ヨーロッパ・アフリカという、ある程度の代表性をもった文化――私個人の研究の行きがかり上そうなったのですが――の比較の視野で、その一つについて考える時は、他の二つを参照点とする方法について、あまりレヴィ＝ストロース先生に何度もお話したので、先生は日本語で「ブンカノサンカクソクリョウ」と発音されるようになりました。

そして先生は、「私のブンカノサンカクソクリョウは、東部スンダランド（現在のインドネシア東部島嶼部。間氷期には東南アジア大陸部と陸続きでした）と日本と、一五〇〇〇年前までは陸地だったベーリング地峡を通って、アメリカへ移住した日本人を含む先住民の口頭伝承の比較です」と常々おっしゃっておられました。その極めて実り多い一例が、「因幡の白兎」なのです。

日本の歴史について日本人が七一二年に初めて、漢字を使って書いた『古事記』に、因幡の白兎の挿話は、孤立した断片的な形で現われます。そして長い間、日本人の『古事記』研究者は、この挿話をどう解釈すべきかに悩まされてきました。まずここに登場する「ワニ」、大型爬虫類としては日本列島には存在しないが、この舞台になっている出雲の方言で、鮫のことを「ワニ」と呼ぶことが、更に探索を複雑にして来ました。

けれども、一九八二年に発表されたドイツ人の日本研究者クラウス・アントニの網羅的比較研究の結果、「因幡の白兎」の起源地はスンダランドであることが確定され、レヴィ＝ストロース先生の研究もアントニの研究成果に依拠しています。

先生のアメリカ先住民の神話の広汎な研究の結果、例えば分散して意味不明になった『古事記』のオオクニヌシ（意地悪な兄たちの末弟）にまつわる挿話が、その意味を取り戻すことが明らかになったのです。「あたかも、古い墓のなかの骨が、接続してはいないが互いに十分近くにあるために、それらが一つの個体をなしていたことが分かるように、オオクニヌシ神話の諸要素が互いに近接していることによって、アメリカ先住民の神話は、それらが有機的に結び合わされていたことを示唆している」と、先生は書いておられます（『月の裏側』八八ページ）。

アメリカ先住民の口頭伝承の詳細な検討に基づくこのような分析は、『古事記』の日本人研究者には不可能でしたから、これは『古事記』研究にとって貴重でかけがえのない貢献だといえます。

さらにつけ加えれば、日本の民話研究者で「因幡の白兎」の東南アジア起源を早くから主張していた小島瓔禮氏は、シベリア東端カムチャッカ半島のギリヤーク人、コリヤーク人の間でも、狐がアザラシを騙して数をかぞえながら海を渡る物語が伝えられているだけでなく、焼け石を傷に差し込んで熊を焼き殺すコリヤークの話も、妻争いで兄たちが焼け石でオオクニヌシを殺す『古事記』の物語に対応することを、一九六五年に指摘しています。

小島氏のこの論文は、レヴィ＝ストロース先生の目に触れなかったのではないかと思いますが、レヴィ＝ストロース流「ブンカノサンカクソクリョウ」の有効性を支持するものであることはいうまでもありません。

私の発表はこれで終わりです。ご清聴有難うございました。

「子供っぽい愛着のなかの緑の楽園」に接して

——大思想家シリーズ『レヴィ＝ストロース』（パリ、レルヌ社への寄稿——

幼少期から育まれた日本への愛着

クロード・レヴィ＝ストロースは、日本に対する特別の愛着の体験の持ち主だ。その愛着は、幼少期にまで遡る経験を通して、彼の感性に沁み込んだに相違なく、後に日本の文学作品を読み、日本芸術に接してさらに強められた。

いずれにせよ、レヴィ＝ストロースはこうした経験を、一九七七年秋、六〇歳での日本発見前に、十分にしていた。一九七七年と一九八八年の間に合計して五回日本へ旅をしたが、年齢と旅の疲労を考えるならば、驚くべき密度の熱意といわざるを得ない。最初の旅への出発直前、『悲しき熱帯』の初めての日本語全訳刊行直前に書かれた序文のなかで、レヴィ＝ストロースは幼少期からの日本への愛着がどのように芽生えたかを、かなりの明確さで、想起している。そこには、次のように書かれている。

日本の読者へのメッセージ、

日本文明ほど、私の知的、精神的形成にとって、早くから影響を与えたものはありません。といっても、それはごくささやかな道を通じてだった、と言えるでありましょう。画家であった私の父は、印象派作家の例にもれず、若い頃、大きな紙挾み一杯に日本の版画を所蔵していました。そして、父はその一枚を、私が五、六歳の時にくれたのです。私はいまでも、その版画を思い浮べることができます。それは一枚の広重《ひろしげ》で、ひどくいたんで縁《ふち》取りもないものでしたが、海を前にした大きな松の木の下を、そぞろ歩きしている女たちを表わしたものでした。

初めて経験した美的感動にすっかり心を奪われた私は、それを箱の底に貼り付け、人に手伝ってもらって私のベッドの上に懸けました。版画は、このおもちゃの家のテラスから眺《なが》められる風景という訳でしたが、毎週少しずつ、私は、日本から輸入された、それこそ小さな家具や人形でこの家を飾ることに熱中しました。その頃、パリのプティ・シャン通りに「仏塔《ラ・パゴド》」という、こうしたものを専門に売る店があったのです。

それからというもの、学校で良い成績をとるたびに、私は版画を一枚ずつ褒美《ほうび》にもらうようになりました。それが何年も続いたので、父の紙挾みは私のためにだんだん空《から》になって行きました。しかし私は、春章《しゅんしょう》、栄之《えいし》、北斎《ほくさい》、豊国《とよくに》、国貞《くにさだ》、国芳《くによし》などを通して発見したあの世界に魅了されていたので、これだけの収集では満足できませんでした。十七歳か十八歳の頃まで、私は小遣いを貯めては、それをはたいて、版画や絵物語の本や、刀身や刀の鍔《つば》を買い集めました。

それらは、博物館には入らないようなものばかりでしたが（私のお金では、たいした作品は買えるはずもなかったので)、私は時の経つのを忘れてそれらを眺めて暮しました。日本の文字の一覧表を手に、苦心して標題や説明や署名を解読するだけで、数時間が過ぎてしまうこともありました。それゆえ感情と思考においては、少年時代のすべてと青年時代の一部を、私はフランスでと同じくらい(以上にではないにせよ)日本で過した、ということができます。

それにもかかわらず、私は、まだ一度も日本に行ったことがありません。機会がなかったからではなく、私にとってはまだ「子供らしい愛着に包まれた緑の楽園」であるものの、現実の壮大な姿に直面するのが怖ろしかったから、というのが大きな理由であったに違いありません。私は、西洋世界が耳を傾けようとさえするならば、日本文明が与えることができる優れた教訓のかずかずを知らないわけではありません。それは、現在に生きるためには、過去を憎んだり破壊したりする必要はないという教訓であり、自然への愛や尊敬に席を譲らないで文化の産物の名に値するものはない、ということであります。

もし、日本文明が、伝統と変化のあいだに釣合いを保つことに成功するならば、そして、世界と人間のあいだに平衡を残し、人間が世界を滅ぼしたり醜くしたりするのを避ける知恵をもっているならば、つまり、日本文明の生んだ賢者たちが教えたように、人類はこの地球に仮の資格で住んでいるにすぎず、その短い過渡的な居住は、人類以前にも存在し、以後にも存在し続けるであろうこの世界に、修復不能な損傷を惹き起すいかなる権利も人類に与えてはいない、ということを日本文明がいまも確信しているならば、もしそうであれば、この本が行き着いた暗い展望が未来の世代に約束された唯一の展望ではない(少くとも世界の一部においては)という可能性を、微《かす》かにではあれ、私たちはもつことができるでありましょう。

一九六七年三月二十日

クロード・レヴィ＝ストロース

この最後のくだりは、日本人とその文明に対する評価として寛大に過ぎると言えるだろう。ただ、後にも再び述べるように、この著作がたどり着いた暗い展望に呼応する序文としては、日本の現実を知ったあとでの、より日本の現状に合った序文にはない重みを、『悲しき熱帯』という著作とのかかわりでもっているように、私には思われる。

「現実の壮大な姿」に何度も直面したあとで

「子供らしい愛着に包まれた緑の楽園」の「現実の壮大な姿」に何度も直面したあと、二〇〇一年、『悲しき熱帯』の新書版に寄せた長い序文で、レヴィ＝ストロースは、これらの点についての独創的で適切な考察を述べている。この序文の全体は、そのまま引用するには長すぎるので、人間と自然の関係に直接関わっている部分だけを、私の注を［　］内につけて、次に記す。

「人間の自然との関係について、日本に行く前、私はやや理想化し過ぎて考えていましたが、実際に行ってみて、思いがけない面で私を驚かせました。この国を旅してみて、あなた方の素晴らしい庭園や、桜の花への愛着や、活け花や料理に至るまでに現れていると西洋人の目には映る、自然の美を祀《まつ》る心が、自然環境に対する極度の粗暴さと折り合えるということを知ったのです。

私にとっては、北斎の見事な画集『隅田川両岸一覧』によって表され続けていた隅田川を、すでにお話した小船で遡ったこと［一九八六年四月十三日、快晴。陣内秀信、芳賀徹、川田夫妻が同行］が衝撃でした。パリを古い版画を通して知っている外人来訪者が、今のセーヌ川の両岸を前にすれば、同じ反応を示すかも知れません。けれどもその違いは、おそらくより小さいでしょうし、過去から現在への移り変わりも、それほど断絶的とは感じられないでしょう。…それに、おそらく人間と自然のあいだに明確な区切りを設けないことが、日本人が（時として日本人が頼るよこしまな理由付け、捕鯨についてもそうですが）、ある時は人間を、ある時は自然を優先し、必要なら人間の必要のために自然を犠牲にする権利をみずからに与えることを、説明するのではないでしょうか。自然と人間とは、一体なのですから。」

人間を除いた山や川、動植物一般を指す言葉は、もともと日本語には存在せず、したがって人間と自然の間に、認識の手続き上隔たりを見ることも、なかったのであろう。

私見では、日本人にとって人間と自然との関係は、情緒的といって良い性格を元来もっている。日本人は、自然を対象化することを望まない、というより、対象化することを知らなかった。明治以後“nature”など西洋語の訳語として使われるようになった、近代西洋で優勢だった「自然」の概念は、日本人にとっては元来存在せず、強いて言えば仏教（これも元は外来のものだが）で自然《じねん》とされるものがあるだけだった。

近代西洋語の訳語として使われるようになった「自然」に対応するものは、明治以前の日本人にとって、客観的で静的な実体ではなく、古代ギリシャの何人かのソフィストにとってと同じく、生成と動きのなかにあったと言えるかも知れない。

日本人として恐らく初めて「自然」という言葉に明確な定義を下したのは、徳川中期の博物学者的思想家安藤昌益（一七〇三―一七六二）であろう。彼は、禅僧として修行したが医師、農法・生態の研究家であり、世界の根源をなす始めも終わりもない過程としての「自然」を、その著『自然活眞營道』の大序で、簡単のために直接関わる語句だけを取り出せば、次のように定義している。「自然とは互性妙道の号也」として、「無始・無終なる土活眞の自行にして、不教・不習・不増・不減に自《ひと》り然《す》るなり。故に是れを自然と謂《い》ふ」。彼はまた、徳川幕府が封建体制を維持し、民衆を搾取するために儒教を利用してきたと主張して、孔子と儒教、特に朱子学を批判した。

明治以前と以後の日本人にとっての「自然」

十九世紀中頃の明治時代にはじまる組織的な西洋化以前、日本人は自然を、人間のために搾取すべき物的資源とは、明確に見做していなかったと言えるのではないだろうか。

このことは徳川時代という、二世紀半のあいだ対外的にも、国内でも組織的な戦争がなく、中国とオランダとの限られた交流以外外国との接触のなかった時代に、火薬の平和的な使用による、世界に誇るに足る、水に濡らした和紙を、糊を使わず独特の方法で貼り合わせた球を用いた「花火」の洗練（フランス語では“le feu d'artifice”「人工的な火」と説明的に呼ぶものを、日本人は“le feu floral”と名付けた）と並んで、動植物の品種改変が、人間の物的資源を増すためではなく、審美的な目的のためになされていた事実にも、表れているのではないかと思う。

鶏の「盆栽」というべき、三〇〇グラム前後で羽毛の美しいチャボのさまざま、啼き声が美しく二〇秒も続く東天紅《とうてんこう》や声良《こえよし》、尾羽が七メートルにも達する尾長鶏《おながどり》の創出。鑑賞用の鯉や金魚、鈴虫、きりぎりすなど啼き声を鑑賞するための昆虫も生み出された。菊、朝顔をはじめとする、世界に誇る観賞用植物の改良も、徳川時代に達成された。猪、鹿、鴨など野生の鳥獣は、狩猟の対象として食用にもされたが、飼育された哺乳動物は牛馬だけで、乗用、牽引用、農耕用に用いられ、皮が楽器（大鼓、小鼓は馬皮、太鼓は馬皮や牛皮）や武士の装束などに用いられたが、食用としての飼育・品種改良はなかった。役畜としての馬が、地方によって食用にもされたが、馬肉食が普及するのはむしろ明治以後だ。

西洋でも、バラをはじめとする花や、啼き声を鑑賞するカナリヤ、愛玩用も含めた犬、猫など、実用に限らない品種改良はあったが、特に家畜・家禽では、実用目的の比重が、日本に比べてはるかに大きかったと言えるだろう。

いずれにせよ、創世主が人間に役立てるように他の生き物を造ったとする「創世記パラダイム」が世界観の基本にある西洋と、大乗仏教の影響はあったにせよ、基層において神道＝アニミズム的世界に生きて来た日本人とでは、人間と動植物の関係のあり方が、異なっていたことは、むしろ当然だったと言わなければならない。

牧畜文化とは必ずしも結び合わされないが、人間の男性を去勢することは、ユーラシア・アフリカで、権力者の後宮の管理者、新しい王朝を創始する可能性のない軍事指揮者・側近としての宦官《かんがん》や、十七〜十八世紀にヨーロッパで教会音楽の美声ファルセットのために変声期前の少年を去勢したカストラート（伊 castrato）など、ひろく行なわれていたが、日本では中国の行政制度が多方面で模倣されたにもかかわらず、宦官の制度（朝鮮には存在した）は取り入れられなかった。その理由として、宦官研究者であった三田村泰助氏は、中国でも宦官にされたのは異民族と認知された集団の人間だったが、古代日本には、中央権力にとっての「異民族」が存在しなかったこと、日本が法制の面で多くを取り入れた唐の時代の刑法には、宦官の供給源であった「宮刑」は、隋の時代に廃止されて存在していなかったこと等を挙げている（『宦官』中公新書、一九六三年）。

『創世記』パラダイムとは異質な日本人の自然観

「文明開化」以来、技術の「結果」をまず学んで西洋に追いつこうと努力した、明治日本の官主導の変革の特異性が、改めて指摘されなければならない。

明治初期の西洋の技術の導入において、徳川時代の身分制における「士」が主流だった官立大学の果たした役割が大きく、「工」の職人は建築を陰で支えたほか、相応の役割を持ち得なかった。西洋で遍歴職人制度以来の伝統をもつ基礎技術が、理論と相乗的に発達したのとは、事情を異にしている。十七世紀ドイツで行なわれた、大気圧と真空をめぐる「マクデブルク半球の実験」で使われた金属製半球や、一八五一年にパリのパンテオンで、レオン・フーコーが地球の自転を目に見える形で証明した実験で、二八キログラムのおもりを吊るした全長六七メートルのワイヤーなど、「工」の基礎技術に何の問題もなく助けを借りることができたからこそ可能だったのだ。

自然を対象化しようとする意図が思想としてはないままに、極めて近視的な利益の追求が、取り返しの付かない自然の破壊を生んだ例は、日本では原子炉やダムや高速道路の敷設など、枚挙にいとまがない。

レヴィ＝ストロースの著書から引用した上記二つの文章の第一のものに明確に読み取れるように、レヴィ＝ストロースの立場は、「創世記パラダイム」と私が呼ぶ西洋的人間中心主義よりも、むしろ日本人の数千年の思考を非体系的にだが形作ってきた、神道的アニミズムに近いように思われる。レヴィ＝ストロースが『悲しき熱帯』の最終章で見事に喝破している「世界は人間なしに始まったし、人間なしに終わるだろう」という言葉に集約されるように、地球上での人類の存在が仮そめのものであることは、レヴィ＝ストロースにとって根源的な前提だ。

では人類は、この前提にどう対処すべきなのか？　この著者が実際に日本に来る前、日本に託していた希望を、改めて、少し長くなるがもう一度振り返ってみよう。「日本文明の生んだ賢者たちが教えたように、人類はこの地球に仮の資格で住んでいるに過ぎず、その短い過渡的居住は、人類以前にも存在し、以後にもし続けるであろうこの世界に、修復不能な損傷を惹き起すいかなる権利も人類に与えてはいない、ということを日本文明がいまも確信しているならば、もしそうであれば、この本が行き着いた暗い展望が未来の世代に約束された唯一の展望ではない（少なくとも世界の一部においては）という可能性を、微かにではあれ、私たちは持つことができるでありましょう。」

日本に来て見て書いた新書版の『悲しき熱帯』の序文に見られる、より日本の現実に即した日本論は、無論それなりに優れたものだが、一九六七年三月二十日の日付のあるこのメッセージ（新書版以後、残念ながら消去された。本書に復活）には、やはりこの大著『悲しき熱帯』で、体験と言葉を尽くして模索した長い道のりに対応する序文として、不動の価値があると、訳者としての私には思えてならない。

では、人類にとっての「理想状態」はありうるか？

一九七一年パリ第五大学ソルボンヌで、当時日本人としては初めてアフリカ研究で博士号を受けた翌年、一年間のユネスコの奨学金を受けて、私は当時のオートボルタ（一九八四年以来ブルキナファソ）で丸一年間の住み込み調査を、モシ王国のテンコドゴで新婚早々の妻と一緒にした。そのとき、木陰での走り書きを毎月、当時のユニークな言論誌『展望』（筑摩書房）に送って『曠野から』という題で連載した。その第一回の第二章「貧しさ」に、私はこんなことを書き付けた。当時のオートボルタの状況の説明なしには、特に日本人の読者には理解されにくいと思うので、少し長くなるが引用する。

「あのときのおそろしい印象を、私はいまも忘れることができない。九年前、モシ族の各地方をひろく訪ね歩いていたときのことだ。ゾルゴという地方の大首長の邸内（といっても、泥小屋の集合を、泥の塀でかこったものだが）をその首長と一緒に歩いていると、一つの泥小屋の前に、顔から腕から背中から、膿《うみ》のたれたできものだらけの、七、八歳の娘がうずくまっていた。できものには蠅がいっぱいたかり、しかし娘は、もう顔の蠅を追いはらう力さえないようだった。わきに、水をいれた土器が置いてある。そばを通りすぎながら、「私の娘ですよ」と、首長は私にいった——「もう長いことはないでしょう。」娘の無表情な、膿と蠅にすっかり征服されてしまったような姿——それにもまして、首長が私に、間近にせまった娘の死を話す、そのさりげなさに、私は衝撃をうけた。この首長は、象牙海岸でフランス式の中等教育もうけ、住んでいるゾルゴは県庁所在地で、かんたんながら診療所もあり、この首長は経済的にも困っているわけではないので、いわゆる西洋式の治療もうけようと思えばうけられたはずである。この首長は、何でも五十人ちかくの子を多数の妻に生ませ、三十人くらいが生きのこっていたのだったと思う。くわしい数はともかく、同じような例は、他の首長にも多い。私のよく知っていた、数年前になくなったある首長は、二十七人の妻があり、三十四人の子持ちだったが、三十人ちかく死んだという子の数を、正確におぼえてはいなかった。一般民の家庭でも、生まれた子の三分の一が乳幼児期に死ぬのは、ごくふつうのことである。

このサヴァンナに生きる人々の生活は、荒々しい自然に対して人間が極めて受動的にしか生きないとき、人間がひきずらなければならない悲惨を私に見せつける。だが、それとは逆に、自然に対して人間がいどみ、人間の持つある種の欲求に自然を従わせようとする努力をしゃにむにつづけたとすれば、そのゆきつく先は、世界の一部に我々がすでにみているような、地球破壊に向かう技術の群れを生み出すことになるのであろう。…だが、この土地の人々の生活をいくらかでも知ったあとでは、私は単純な自然・原始讃美の論には、どうしても与《くみ》することができない。自然をまもれとか、自然にかえれというようなことが、それ自体人工的な形で問題になるのは、人間がある程度自然を制御するのに成功したあとのことである。自然にうちひしがれたままの人間というのは、みじめであり、腹立たしくさえある。

理想の楽園としての人間の「自然状態」は、実際にはおそらく過去にも存在しなかったし、現在も地上に存在しないだろう。いうまでもなく、私がいま見ているこのアフリカの一隅の人々の生活は、ヨーロッパの植民地支配に踏みにじられしぼりとられたあとの、それなりに「自然状態」からはきわめて遠いものである。しかし、アフリカの自然・歴史・社会についていま私が持っているわずかな知識と体験から考えられるかぎりでは、過去をいくらさかのぼっても、アフリカに理想郷があったとは思えないし、私の学んだかぎりでの、現代の人類学の知見も、原始状態を理想化することのむなしさを教えているようだ。私は、人類の歴史は、自然の一部でありながら自然を対象化する意志をもつようになった生物の一つの種が、悲惨な試行錯誤をかさねながら、個人の一生においても、社会全体としても、叡智《えいち》をつくして、つまり最も「人工的」に、みずからの意志で自然の理法にあらためて帰一する、その模索と努力の過程ではないかと思うことがある。人間の理想としての「自然状態」は、無気力に自然に従属した状態ではなく、また、すでにある手本をさがして見つかるものでもなく、意志によって人間がつくりだすべきものなのであろう。」

レヴィ＝ストロース先生のお宅に私一人招かれて、夕食後に時間があった時、私はこの部分の概要をフランス語に直して聴いていただき、先生のご意見を伺ったことがある。注意深くお聴き下さってから先生は、賛成だが、その「自然の理法」を知ることができるのは、どのような人間か。例えば瞑想の果ての偉大な仏教僧のように、世界を把握する例外的な能力をもった者だろうか。もしその自然の理法が存在するとしても、その理法自体が認知できない普通の知能をもった人間である我々は、我々の認識能力の助けを借りて、思考の対象を発見し、それに到達するように試みるほかはない。レヴィ＝ストロース先生は、認識の手続きに関して、自分はごく普通の意味でのカント主義者にとどまると言われた。

私は、カントの不可知論に一つの典型を見る西洋的知能に固有の思考方法は、それ自体として理にかなったものであると思う。だが、ここで取り上げた問題に関して考えると、生き物の世界の神道＝アニミズム的認知は、方法的思考の到達点ではなく、基本的所与というべきものなのである。この認知にとっては、人間以外の生き物の実在は自明であり、西洋的知性においても、ルソーにとって他者の存在が、デカルトにとってコギトの存在と同様に明白であるのと同じくらい、明白なのである。

日本人の「はい」への美しい誤解

レヴィ＝ストロースが、日本への愛着を表明しているもう一つの領域は、日本人の態度にかかわるものだ。

一九九三年、日本の公共放送ＮＨＫの二回にわたるテレビ番組での、レヴィ＝ストロースとの対話（仏・和のテキスト付ビデオ・カセットは『レヴィ＝ストロースとの対話』として、白水社から刊行、市販されている）のなかで、日本を初めて訪れての第一印象を私が訊ねたのに対して、レヴィ＝ストロースは次のように答えている。

「前回、ブラジルについて、あなたは同じ質問をされました。新世界に着いたときの第一の印象は、〝自然〟でした。そして日本については、最も強い第一印象は、〝人間〟でした。この対照には、かなり意味深いものがあります。つまりアメリカは人間には乏しいが、自然の富に満ちています。他方、日本は自然の資源においては貧しいが、逆に人間性に関しては極めて豊かです。しかも旧世界の、革命や戦争で疲れ、すり切れた人間性ではなく、社会における地位がどれほど取るに足らぬものであっても、社会全体にとって必要な役割を果たそうという感覚を、ごく当たり前のこととしてもっている人たちに出会ったという印象です。」

　そして、徳川時代中期の日本人思想家石田梅岩（一六八五―一七四四）を引いて、「十九世紀（これはレヴィ＝ストロースの記憶違い）の心学運動の創始者だった石田梅岩も、まさしくこの道徳的側面を重視しています。それは私の意見では、“oui”の言い方のフランス語と日本語での違いに、象徴されています。私たちがフランス語で“oui”と言うのに、あなた方は“*hai*”と言います。私はいつもこういう印象をもってきたのですが——これは、逆向きのロティ風の、全くの誤りかも知れませんが——“*hai*”には、“oui”という以上の多くのものが含まれています。つまり、“oui”は一種の受動的同意ですが、“*hai*”は相手に向かっての跳躍です。…そしてこの特質こそまさしく、単純化して言えば日本人の魂と言うべきもので、私を深く衝《う》ち、すぐにそれに感じやすくなったのです。」

　日本人の行動についてのこのようなレヴィ＝ストロースの考察は、だが、やや贔屓《ひいき》の引き倒しの感があり、すべてが適切とは思えない。まず梅岩の心学が、社会が士、農、工、商の四つの身分に分けられていた徳川封建時代の末期、仕事とは見做されない活動によって利を得るとして商人が軽蔑されていた時代に広まったことは確かだ。梅岩は徳川時代に、商人の社会的役割の価値に注目し、正直を商人固有の道徳規範とした。

　かくて、封建時代に四つの身分に分けられた日本人は、レヴィ＝ストロースの言う「彼らの社会的地位がどれほど慎ましいものであっても、各々が社会全体にとって有益な役割を果たすべく、常に用意ができているように馴らされてきた」。そして「伝統的な価値がこのように崩壊から守られた」明治維新後、この道徳は、封建制の消滅にもかかわらず、というより消滅によって、超国家主義・軍国主義・拡張主義思想明治の日本帝国憲法（一八八九年に制定され、一九四五年の敗戦後まで続いた）によって神聖とされた天皇の、政治＝軍事的絶対権威の下で、強化されてきた。

日本人は「規律正しい」とされて、外国人から賞賛されることが多い。日本人のふるまいにおけるこの特徴は、ルース・ベネディクトによって彼女の有名な著書『菊と刀――日本文化の型』（ボストン、一九四六年）で適切に分析されている。ベネディクトによれば、日本人の基礎的な規律は、封建時代に広く知られるようになった定型句「各々その所を得」が示唆している「各自はその務めを、できる限りの忠実さで果たさなければならない」という、階層化された社会の理想的道徳の内によく表わされている。

明治維新以後の教育の歴史を見ると、この道徳が、新しい軍国主義的超国家主義体制に役立つように、動員されていることが分かる。この体制下の政府と軍隊は、ほとんど半世紀のあいだ完全に、その後もかなりの程度、長州と薩摩、やや下って土佐という、西日本の軍事的に極めて強力で徳川将軍の軍隊を打ち負かし、天皇という神聖な絶対権力の下に維新を実現した勢力に独占されていた。

日本帝国の陸軍と警察の用語が、それらを築いた長州と薩摩の方言を大幅に取り入れているのは興味深い。陸軍の長州言葉「…であります」は、長州人政治家が多かった国会の演説言葉にもなった。「はい」は薩摩方言で、薩摩の「はい」に対応する語は、地方によって「あい」「あえ」「へい」「へえ」「んだ」等々さまざまだが、一般に「はい」より耳に優しく聞こえる。「はい！」と大声で言うと、階層化された社会で、上位の者の命令に無条件に従う意志を表明し、自分にも言い聞かせる効果があるから、帝国の軍隊には適していたと言えるだろう。「はい！」は、ナチス時代のドイツ語“Ja wohl !”を連想させる。

「はい」は、上からの言いつけに従う教育を推進するために、維新以来学校で使うことが義務付けられた。『二十四の瞳』という、軍国主義時代の瀬戸内海の小島で、新任の女教員と十二人の生徒の交流を描いた木下恵介監督の有名な映画で、先生が、名前を呼びますから呼ばれたら「はい」と答えましょうね、と言って生徒の名を呼んでゆくと、その地方の言葉で「へえ」と答える子がいた。「へえはおかしいわ、はいと言いましょうね」と先生が言うと、その子がまた「へえ」と答える場面が笑いを誘う。

今日の若い日本人は、「はい」を使わなくなりつつあり、私は個人的にそれを良いことだと思う。レヴィ＝ストロースは、日本に対する好意と共感から、「彼らの社会的地位がどれほど慎ましいものであっても、各々が社会全体にとって有益な役割を果たすべく、常に用意ができているように馴らされてきた」ことに、肯定的な価値を与え、それが「はい」という表現に象徴されていると見ているが、私はレヴィ＝ストロースのいう「疲れ、革命や戦争ですり減らされた年老いた世界の」、それゆえ経験を積んだフランス人の、反全体主義と強固な個人主義に、人間のより良い生活への希望を託したい。

補注

レヴィ＝ストロースは当然知っているであろうが、日本語の「はい」は相手の言葉を受ける間投詞であって、肯定の答えの意味を担った副詞であるフランス語の“oui”には対応しない。否定疑問に対する答え方にも表われるように、日本語では、自己表現よりは相手への配慮が重視されるのであろう。

レヴィ＝ストロース、日本へのまなざし

「月の裏側」の裏ばなしあれこれ

国、人、文化のあらゆる面で、これほど好き嫌いが激しかった学者も、珍しいのではないだろうか。まず、日本と日本人が大好き。先生は晩年ご自分で車を運転するのをやめてから、パリ五区にある勤務先のコレージュ・ド・フランスと十六区のご自宅の間を、メトロで通っていた。あるとき座席に座っていて、日本人のお年寄りの婦人が乗ってきたのを見ると、ご自身も高齢なのに、すぐ立って席を譲ったと、先生の研究室に勤めていたフランス人の友人が話してくれた。

パリで暮らしていても、日本式に炊いたご飯（モニーク夫人との間に生まれた、次男で写真家のマティユーが、先生の米寿の誕生祝いに米に因んで日本製電気炊飯器を贈った）と焼き海苔（私がときどき補給していた）の食事が好きで、これはマティユーの子ども二人にも受け継がれている。

先生はある時期、韓国がお嫌いだったことがあって、問わず語りに、私と妻にこんな思い出を話してくださったことがある。一九八一年、初めて韓国に招待されたとき、案内されたホテルで浴槽の

湯が出なかった。呼ばれた客室係は、蛇口をひねってみて、「間もなく出ます、間もなく出ます」（Ça vient, Ça vient.）と言い、行ってしまった。だが結局、湯は出なかったという。些事ながら克明に憶えていて、わざわざ私たちに話してくださったのだ。

こうしたその場しのぎの取り繕いを、先生はあらゆる面で激しく嫌悪しておられた。そういうことは決してしない日本人という思い込みがいかに強かったかは、『月の裏側』最終章（「川田順造との対話」）のなかにもある、日本人の「はい」という受け答えに先生が感じておられる、対人関係への過度な称賛にもつながっているのであろう。

北アメリカ北西部先住民の彫刻への愛着が並々ならぬものだったことは、名著『仮面の声』（日本語訳では『仮面の道』となっていて、訳者注としても何も記されていないが、先生に直接伺ったところでも、これは「声」（voix）の意味でつけられた題だ。ただこの本がスイスのスキラ社の「創造の小径」というシリーズの一冊として出るので、同音異義で綴りの異なる「道」（voie）を書名にしたという）にも示されているが、一方でアフリカの彫刻は先生の好みに合わなかった。美術を含む先生の厖大な著作のなかで、アフリカ彫刻は一言も触れられていない。

個人への好悪も、極めて激しかった。嫌っていた人の最たる例で、私が身近に関わったのは、パリ大学での私の博士論文の指導教授だった、アフリカ研究で若い頃から名声が高く、レヴィ＝ストロース先生より十二歳年下の、ジョルジュ・バランディエ先生だ。

現代思想史に一時代を画した『野生の思考』（一九六二年）の第Ⅷ章「再び見出された時」でレヴィ＝ストロースは、特にそこで引用する必要がないと思われるバランディエの雑誌論文（残念ながら、原著の誤植がそのまま引用されている）をわざわざ取り上げ、一ページの半分近くを割いた注を付けて、悪意をむき出しにした、やや品格を欠きさえした文章で、バランディエをこきおろしている（日本語版では大橋保夫さんは、ずいぶん穏やかな文章に訳しておられるが）。

私は外人留学生で、レヴィ＝ストロース先生の推薦によってフランスで就職する必要がなかったし、アフリカ研究ではバランディエ先生の指導を受けるのは当然だったから、両先生とも了解してくださった上で、現代フランス人類学の二人の巨匠に親しく指導を受ける幸運に恵まれた。だが、レヴィ＝ストロース先生が主宰するコレージュ・ド・フランスの社会人類学研究室に所属するフランス人研究者で、アフリカ研究を専門とする私の友人たちは、厳しい状況に置かれていた。

レヴィ＝ストロース先生に見込まれ、博士論文を出していないにもかかわらず、この研究室長として先生の後継者に指名されたフランソワーズ・エリティエさんは、アフリカで知り合って以来、私も彼女の経歴をよく知っているが、アフリカ研究者としては、当時のフランスでかなりの人がそうだったように、初めバランディエにアフリカニストとして育てられて学界に出た。だが、レヴィ＝ストロースの後継者に指名される前には、レヴィ＝ストロースに、バランディエとの接触をやめるよう指示され、彼女もそれに従った。二度離婚歴のあるフランソワーズの初めの夫で、私と同じモシ王国の歴史研究をしていたミッシェル・イザールさんは、レヴィ＝ストロースの研究室に職を得てからも、博士論文の指導教授としてはバランディエを変えず、しかし後にも触れる大思想家シリーズ『レヴィ＝ストロース』の編集にも献身的な努力を惜しまないなど、両先生と学問的関係を保ち続けた。とはいえ、次に記すような、微笑ましいほど子どもっぽい状景を生むことにもなる。

ミッシェルの博士論文の公開審査は、コレージュ・ド・フランスの階段講堂で行なわれ、壇上にはミッシェルの隣に、主査のバランディエが着座した。あとでミッシェルが私に話してくれたところでは、審査が始まる前、バランディエはミッシェルに、「ほら、あそこに君のお友達が来ている」と言って、階段講堂の右手の前寄りの席にレヴィ＝ストロースが座っているのを示したそうだ。

　審査が始まり、ミッシェルの冒頭論述のあと、主査のバランディエが発言を始めると間もなく、レヴィ＝ストロースは席を立ち、聴くに堪えないというように、眉間に深く八の字を作って、人目につくようにゆっくりと階段講堂の通路を上って講堂から出て行った。この退席パフォーマンスのために、レヴィ＝ストロースはこの公開審査に出席し、わざわざ前の方の席に陣取っていたのだと思われる。審査のあと、レヴィ＝ストロースの研究室広間で催された、ミッシェルとバランディエを囲む慣例のシャンペンの席に、レヴィ＝ストロースが姿を現わさなかったことは言うまでもない。

　そんなこともあったあとのある晩、私一人がレヴィ＝ストロース先生のご自宅に招かれた夕食の後だったが、席を移して先生の書斎のソファで二人だけで向き合って食後酒ブルゴーニュ産マールを舐めながら、モニーク夫人は夕食の後片付けでまだ食後酒の席に加わる前のいっとき、「先生はどうして、バランディエ先生とソリが合わないのですか?」(Pourquoi vous et Monsieur Balandier, ne vous vous entendez pas?)と私は訊ねた。

　フランス人で、こういう質問を直接レヴィ＝ストロース先生に投げかける勇気のある人は、おそらくいなかっただろうと思う。長年の人類学の面接聞き取り調査の経験からも、私はデリケートな質問ほど、あっさり単刀直入にすべきであると知っていたので、先生と二人きりで向き合っているときに、いきなり切り出したのだ。先生はいやな顔もなさらず、「それは、ここだけの話だが……」(C'est entre nous...) と前置きして、実に明快に答えてくださった。「ここだけの話」という限定付きで話してくださったことなので、詳細は省くが、職と人間関係をめぐる、世界のどこにでもある、他愛ないと言えば他愛ない感情的確執がもとだ。

レヴィ＝ストロースとバランディエは、ある時期一緒に、有名な『国際社会学雑誌』の編集委員をしていたことがある。だが、この雑誌の創始者で当時フランスの社会学に絶大な影響力をもっていた、ロシア生まれの亡命ユダヤ人社会学者ジョルジュ・ギュルヴィッチとレヴィ＝ストロースの間で次第に深まった対立が、ギュルヴィッチの愛弟子バランディエにまで及んだ面もあることは確かだ。

レヴィ＝ストロースはこの雑誌に、一九五〇年と五二年の二度寄稿しているが、バランディエは六五年に、若くしてギュルヴィッチの跡を継いで編集長になる。一九五八年に初版が刊行された『構造人類学』の、第十五章への追記として書き加えられた第十六章の前半は、五五年以来のギュルヴィッチのレヴィ＝ストロース批判に対する、長く激しい反駁にあてられている。

ソルボンヌに影響力が強かったギュルヴィッチの推輓《すいばん》もおそらくあって、バランディエは四十二歳の若さでソルボンヌの教授に選出され、「アフリカ社会学」の講座を開いた。その年、一九六二年秋に、私はフランス政府給費留学生として初めてパリに行き、ソルボンヌの大階段教室で、満席の受講者を前にしたバランディエ先生の、誇りと自信にみちた開講第一声を聴いた。

その後、バランディエがコレージュ・ド・フランスの教授に応募したときや、アカデミー・フランセーズの会員に推挙されたとき、先任のレヴィ＝ストロースが自分の職を賭して阻止したことは、よく知られている。

そのほか、レヴィ＝ストロース先生が断固として嫌いなフランス人、英米人の学者を私は何人も知っているが、今は省く。同時に、先生の人間関係で私が感銘を受けているのは先生が決してお世辞をおっしゃらないことだ。つまり先生が褒めたものは、その通りに先生が評価しておられるものと思っていい。


私はいろいろな時期にパリに滞在し、さまざまな形で先生に接した。

長期間にわたってCNRS（フランス国立科学研究センター）に招聘されたことも、また、社会科学高等研究院でゼミを受け持ったことも何度もある。ミッテラン大統領が創設した世界文化アカデミーの会員としても、毎年の公開講演のためにパリに行っていた。二宮宏之さんが代表を務めたフランス調査の科研（科学研究費助成事業）に加わって、あるいは私が代表を務めていた八年間にわたる科研「ニジェール川大湾曲部の学際研究」、そのあと私が代表で現在まで続いている科研「アフリカの音文化」でのアフリカへの往き帰りにも、短期間だがパリに立ち寄っている。そしてその時々に、さまざまな問題について先生に教えを受けた。

レヴィ＝ストロース先生はそのたびに必ず、私一人か、時に他の人も一緒に、パリ十六区マロニエ通りにある高級アパルトマンのご自宅での食事にお招きくださった。一度は、先生が心を許しておられた若い哲学者ディディエ・エリボンさん（先生との素晴らしい対話録『遠近の回想』の対話者）とともに招かれた。時間がほかに取れず、先生ご夫妻と三人で台所で昼食をとることになったとき、先生がご自身で冷蔵庫から飲みかけの葡萄酒の壜を出して注いでくださったこともある。パリに一泊だけしてアフリカに行くとき、そのことを前もって手紙でお伝えしておいたところ、私が着く前日に常宿にメッセージが届いていて、その晩の夕食にお招きくださったのには感動した。

そんな数多くの食事のあるとき、モニーク夫人に「食べることにずいぶん関心があるようだが、自分で料理をするのは好きか」と訊ねられた。私は「子どものときから鶏を飼うのが好きで、産みたて卵でオムレツを作るのが得意だ」と答えた。日本で卵焼き、フランスではオムレツは、料理人のセンスが問われるとされている。オムレツに関しても、フランスの高級レストランやホテルで食べてみて、私の焼くオムレツは決して引けを取らないと思っていた。こうしてはからずも、私はレヴィ＝ストロース家の台所に侵入して、オムレツを作ってご夫妻に振る舞うことになった。

数日後、私は入念に選んだ卵と、かき混ぜるのに必要な割り箸を用意して、レヴィ＝ストロース家の台所に入った。料理の好きなモニーク夫人は、私の作業を細大漏らさず見学するために、腰掛けを用意して後ろに陣取った。私の最大のミスは、何よりも大事なフライパン、私がオムレツを焼くときだけにしか使わない、パリの台所道具店で買って長年使い込んだ、底の厚い鉄の中型フライパンを、その短いパリ滞在のときには持っていなかったことだ。

やむなく、レヴィ＝ストロース家の台所に備え付けのフライパン、テフロン加工ではなかったが、底がさして厚くない、オムレツ用には大きすぎるフライパンで焼いた。カワダ流オムレツは、とろみと香りを付けるために、玉葱をおろしたものをほんの少し入れる。

油を引いたフライパンを十分に熱してから、いったん濡れ布巾の上に置いて急冷し、ふたたび強火にかけて煙が出てきたところで塩胡椒した卵汁を一気に流し込んで、割り箸で全体をゆっくりかき混ぜ、厚みとムラのある固まり加減にして向こう側に寄せ、フライパンの把手を持って全体をひっくり返し、さらに数秒間形を整えて、出来上がり。この間、約三分……のはずなのだが、底の薄い大型のフライパンだったために、肝心の「厚みのある」焼き上がりにならなかった。

私としては不本意な出来だったのだが、食卓に着いたモニーク夫人は「美味しい」と言って食べてくださり、先生にも「美味しいわね」と賛同を求めた。だが先生は軽く顔をしかめたまま、それでも取り分けられた分は全部召し上がり、結局何もおっしゃらなかった。私にとっては不本意な出来だっただけに、もし「美味しい」と言ってくださったら、私には二重の不満が残ったと思う。

学問でも人づきあいでも、極度に気むずかしい反面、先生は茶目っ気もたっぷりとおもちだった。

ブルゴーニュ地方リニュロール村の別荘の広間には、二歳のとき祖母の膝の上で絵本を広げている先生を、肖像画家だった父レーモン・レヴィ＝ストロースが描いた大きな油絵が掛けてある。私は先生に、その絵の下のソファに腰掛けて、七六年後のクロード（それは一九八六年だった）が本を広げているところを写真に撮らせてほしいとお願いした。先生は快諾して、ジーパン姿のまま、本を広げてカメラに納まってくださった（七ページ）。ほかの人は、こういう写真を撮ろうと思いつかなかったのか、無数にある先生の写真のなかでも貴重な一枚であるらしく、パリのレルヌ社から出た大思想家シリーズの一冊『レヴィ＝ストロース』（二〇〇四年）にも、この写真だけ一ページ大で採録されている。

レヴィ＝ストロース先生とジーパンの取り合わせというのは、意外な感じもしたが、まず名前の上で関係が大ありなことは、先生ご自身が愉快そうに話してくださった。

カリフォルニア大学バークレー校の食堂で、名前を書いて空席の順番待ちをしていたとき、呼ぶ係が「ミスター、リーヴァイ＝ストラウス、パンツ、オア、ブックス？」と大声で言ったので、皆どっと笑った。大学食堂だから「ブックス」の方も考えてくれたのでしょうと、先生は可笑しそうに言われた。

ジーパンの始まりは、十九世紀中頃のカリフォルニアのゴールドラッシュと関わっている。その直前アメリカに移住した、ドイツ系ユダヤ人織物業者の息子レーブ・シュトラウス（のちに、リーヴァイ・ストラウスと改名）が、カリフォルニアで金の採掘者目当てに、テントにするキャンバス地を売って成功した。テント用の金属鋲《びょう》に似たボタンを、デニムの作業ズボンに付けることも考案した。ジーンズの別称デニムが、南フランスの織物の名産地ニームのサージ生地（serge de Nimes）に由来することも、先生が話してくださった。

パリのご自宅へも、ジーンズのレヴィ＝ストロースと混同した電話がよくかかってくるだけでなく、メーカーの会社から、PRに名前を貸す形で経営に参加しないかと誘われたこともあったそうだ。

愛犬ファニーを連れ、モニーク夫人と一緒に、私や妻、八歳の娘を散歩に誘い出してくださった、アメリカのウェンナー・グレン財団が、すぐれた学術研究に対して贈る莫大な賞金で購入したという別荘は、昔の貴族の狩りの館跡だ。敷地は東京の井の頭公園くらいの広さがあるという。敷地のなかにいくつも池があって家鴨《あひる》が泳ぎ、その頃モニーク夫人は、六つの巣箱で養蜂をしていた。アメリカ資本の油脂会社の影響で、この地方にも広がり始めていたヒマワリ畑は、ミツバチにとってのスーパーマーケットで、蜜の味が落ち単調になったと、夫人は嘆いていた。

先生は裏の物置を見せてくださったが、ありあわせのものでやり繰りする「ブリコラージュ」の思考法を学問的に精練した先生にふさわしく、面白いガラクタに満ちていた。珍しかったのは、ヒバリをおびき寄せる小さな鏡だ。フランスではヒバリをよく食べる。このキラキラ光る道具を麦畑のなかに置いておくと、それを目掛けてヒバリが舞い降りてくるのだそうだ。


筆まめな先生から私がいただいた手紙は、全部で何通になるだろうか。初めのうちは、秘書に打たせたと思われるタイプの書面にサインしたものだったが、ある時期以後は、手紙も封筒の宛名も、必ず液体インク万年筆の手書きになった。

感銘深かったのは一九九二年、私が東京の日仏会館で「ある日本人のフランス語圏体験」と題した講演をフランス語でしたとき（『日仏文化』三八号に掲載）、日本文化の性格や、ピエール・ロティの日本観についても述べたので、英文レジュメ付きで刊行されたばかりの拙著『口頭伝承論』と一緒に、講演の全文もレヴィ＝ストロース先生にお送りして、すぐにいただいた返事の手紙だ。

Ａ４判の便箋表裏に、手書きでびっしり、一ヵ所書き直しもあり、急いで書かずにいられなかったというお気持ちが伝わる手紙だ。特にピエール・ロティに対して私が寛大すぎる、ロティの日本に対する態度は客観的に弁護の余地がない、と懇々と記しておられる。その講演で私が、ロティの『お菊さん』は日本人蔑視に充ちているが、彼が自分の「主観を客観的に記述」していることは評価すると述べたからだ。

拙著『聲』（一九八八年）のフランス語訳が、一九九八年にパリの社会科学高等研究院から刊行されたとき、先生にお送りすると、折り返すように、先生からA4判便箋一枚一杯に手書きで、丁寧に読んだ上での、内容に具体的に触れた感想の手紙をいただいた。『聲』は、何の疑いもなく古典《クラシック》になるでしょうと書いてくださった。

先生が二度目に転倒して車椅子の療養生活を余儀なくされ、お亡くなりになる前年の二〇〇八年にも震える手で、封筒の宛名も苦心して万年筆で手書きされた手紙を三通いただいている。その三通目、十二月十日付のもの（十一日の消印があり私は十五日に受け取った）は、私が先生からいただいた肉筆の最後の手紙になった。

内容は、毎年お誕生日に贈るお祝いとして、その年にはアメリカ在住の日本人指物師が英語で書いた日本の大工仕事についての写真入りの本と、私が頻繁に行く神戸の竹中大工道具館の英文案内書やパンフレットをお送りしたのに対する礼だった。先生の百歳記念の年でもあり、お祝いも多かったに違いないのに、手書きで丁寧な礼状をくださった心遣いに感動した。

お亡くなりになった二〇〇九年には、先生から手書きの手紙はいただいていない。六月十日付で、先生は秘書に口述筆記させた私宛の短い手紙をくださった。書いたものを送られても、もう読むことができず、パリでもリニュロールでも訪問を受けられない旨を記した手紙だ。悲しかったが、そのまま連絡せず、四ヵ月余り後の十月二十九日、先生の先祖の出身地アルザスでのシンポジウムに向かう途中、パリに寄った私は、朝九時半（ご自宅で電話を受けるのに、一番好都合とされていた時刻だ）に、モニーク夫人に先生の健康状態について伺うつもりで、初めリニュロールに電話したが誰も出ないので、パリのご自宅に電話したところ、受話器を取った夫人は、いきなり先生にその受話器をお渡しになった。私は驚いたが、先生の声があまりしっかりしていたので、書いたものを送られても読めないという手紙のことも忘れて、これからアルザスで開催される日本文化研究のシンポジウム「人体と身体性」に参加するので報告書をお送りしますと、つい言ってしまった。先生も「楽しみにしています」とおっしゃったので私はほっとした。

十一月四日朝、アルザスでのシンポジウムが終わってパリへ発つ仕度をしているとき、ラジオのニュースで先生のご逝去を知り、私は耳を疑った。十二時半、パリに着くとすぐ、モニーク夫人に電話した。お悔やみを声に出して言うと、涙が止まらなかった。

その後モニーク夫人から詳しく伺ったご逝去前後の模様は、拙訳『悲しき熱帯Ⅱ』（中公クラシックス、二版、二〇一一年）の巻末年譜に詳しく記したので、繰り返さない。

隅田川上のレヴィ＝ストロース

四月十三日、日曜日、うらうらと晴れて暖く、東京の桜が満開の日だったが、私たち六人は、佃島で借りた小舟で東京の堀川めぐりをした。

私たちというのは、フランスの文化人類学者クロード・レヴィ＝ストロース先生と、織物研究家であるモニーク夫人、比較文化の芳賀徹さん、建築史の陣内秀信さん、それにアテンド役の私と妻だ。

レヴィ＝ストロース先生は、いまさら紹介するまでもなく、独創的な構造人類学の研究と文明論で世界の学問や思想に広く深い影響を与えてきた学者だ。今度は東京での講演に招かれ、前日パリからの直行便で着かれたばかりだった。来日は一九七七年以来四度目、とくに最近十年ほどの日本についての勉強ぶりは大変なもので、東京もかなりのところはすでに御存知だった。二月にパリで今度の訪日の旅程の御相談をしているとき、私がふと思いついて、半日小舟で東京の堀川めぐりをしては、と申しあげると、大乗り気ですぐ賛成された。早速パリから東京の陣内さんに電話して、佃島の漁船を借りていただく手筈をお願いした。

　四月になってから天候がぐずつき、屋根のない小舟なので雨を一番心配していたが、当日は朝から素晴しい日和で、レヴィ＝ストロース先生の霊気《アウラ》に敬意を表したくなった。深川高橋のたもとにある、「どぜう」の老舗伊せ𠮷の座敷でおひるを食べ、陣内さん、芳賀さんとも落ちあった。

　佃島の船宿で、あとからタクシーを拾ってくる芳賀さん陣内さんを待つあいだ、近所の漁師らしい男が一人、かしわ手を打って拝んでいるほかは人気のない昼下りの住吉神社や、窓や玄関先に植木鉢を並べた長屋の露地でおかみさんが立話をしているその界隈を、先生御夫妻とぶらぶら歩いた。先生ははじめて来た深川がひどく気に入ったようで、モニーク夫人もあとで、「夫はこの辺に住んでもいいといっていました」と話してくれた。

　その日は午後一時が干潮で朔から五日目。潮の状態がほぼ同じ三月十六日に陣内さんと一度下見をしたときは、はじめ干潮のうちに深川の堀をまわり、横川、竪川などの低い橋の下も通って巡回することができた。その日もそういう順序でまわりたかったのだが、隅田川の早慶レガッタとぶつかり、両国橋と白鬚橋のあいだが夕方まで通行止めになるというので、やむなくまず柳橋から神田川に入った。

　水道橋、お茶の水などの地名に名残りをとどめている江戸時代の上水の面影はいまはどこにもなく、とくに干潮のときのお茶の水近辺の神田川の汚さはひどいものだった。この汚い川を物好きにも漁船に乗って行く、外人も含めた私たち一行を、聖橋やお茶の水橋、後楽橋の上から学生らしい若者も混った通行人が、これも物好きに欄干によって眺め、手を振ったりしている。舟で何十という橋の下を通ってみて、陸にいるときは「わたる」ものと思っていた橋が、「くぐる」ものでもあることを実感した。舟から見える位置に橋の名が大きく書かれていることを陣内さんから教えられたが、古い橋にはよく紋章のような図像が中央につけられていて、これがいかにも、ここで俺が流れを仕切ってお前を通してやっているのだという、橋の自己主張の、しるしであるように思える。

水道橋のたもとのかつての汚穢《おわい》船の集荷所、いま飯田橋の貨物駅になっている飯田河岸などに、江戸＝東京と田舎を結ぶ水運の重要性をしのびながら外濠へまわる。この辺では、堀というかつての水上の道の上に、高速道路が重なりあっている。その方が用地買収の問題もなくて済むのであろうが、交通手段の時代的な変遷が空間的な上下に置きかえられて、古いものも機能を失いながらそのまま残存している風景がおもしろい。高速道路に遮蔽された堀の水は暗く、汚れて、いまは無用の厄介者になり果てている。

一ツ橋を過ぎるあたりからは、昔の江戸城の石垣が見えるところもあるが、「防災」を錦の御旗にした、とりかえしのつかない粗暴な工事によって、古い壁面は覆われつつある。美しい橋も、新常磐橋のように壊されるか、日本橋のように存続しているというのは名ばかりの、無残な状態に押しこめられてしまう。私たちの世代だけのものでない過去、未来にわたる東京人の財産である街を、もう少し大切に扱って欲しいと願うのは私たちだけであろうか。

旧魚河岸を左にみて日本橋川を下り、再び隅田川に出た頃はもう日が傾きかけていた。レガッタは終わったらしい。折角だから向島の桜を見に行こうということになって、全速力で隅田川を遡った。途中他の船、とくに強力なモーターボートに出会うと、私たちの小舟はいまにも転覆しそうに揺れた。

水しぶきも浴びた。

そんな中で一番平然としていたのは七十八歳のレヴィ＝ストロース先生だった。青年時代アマゾン奥地でカヌーの探検をした人だけのことはある。

向島の桜は果して満開、それを見に出た人々も花に劣らぬ賑わいで、X形の桜橋の上も人で一杯だった。文字通りの花と人の霞を川波に揺られつつ望見しながら、私たちはもっていった桜餅と草餅を食べ、お茶を飲んだ。レヴィ＝ストロース先生も、桜餅を葉っぱごといかにもうまそうに食べた。芳賀さんが小声で「春のうららの……」とうたった。

あと二日で梅若忌。木母寺まで足をのばして、とも考えたがもう夕暮が迫り、深川の堀にも行かなければならない。ふたたびエンジンを全開にして隅田川を下り、永代橋をくぐり、大島川へ入って門前仲町の昔を猪牙《ちょき》船ならぬ原動機付荷足《にたり》船の上からしのび、戻って大横川（大島川西支川）の、杭上家屋のような、つい二十年くらい前までは漁師が主に住んでいたという家の並ぶ間を通り、仙台堀川へ出て、かつての木場の繁昌と、堀の貯木、運送上の役割を先生にお話したりした。私が幼い頃にはまだ家船のだるま船で賑わっていた深川の堀も、陸地との交渉もなく、いまはほとんど死んだ水の淀みだ。ただコンクリートの白い防災堤だけが、ギプスのようにかたく光っている。

潮が満ちて来ていたし、あたりも急に冷えてきたので、塩の道小名木川から横川の方へ行くのはあきらめた。平久川のもう暗くなりかけた水面に、黒い小さな水鳥が二羽降りて、あわただしく泳いで遠ざかってゆくのを眺めながら、モニーク夫人が、鳥が来るのだから、この水には魚もいるのでしょうといった。

4

Recueil général des écrits

sur Claude Lévi-Strauss

光芒を放ちつづける巨星

没後一年に思う

多面鏡の輝き

偉大な人が亡くなったとき、よく「巨星墜つ」という表現がなされる。間違いなく二十世紀が生んだ最高の知性であるクロード・レヴィ＝ストロースが、一年前に没したとき、私は巨星が墜ちたのではなく、光芒を放ちながら無限のかなたへ翔び去ったという想いをいだいた。

パリのアパルトマンでもリニュロール村の別荘でも、早朝に起き、シャワーを浴びるとすぐ机に向かい、朝食をはさんで外出まで執筆する毎日。驚くべき勤勉さで、湧き出るイメージと思考を練りつつ、手書きの文字にするのももどかしく書き留めていった、知的営為に全身全霊を捧げる、ある意味ではきわめて貪婪な、別の意味では限りなく禁欲的な生き方。若い頃は夜も執筆したが、晩年は、夜は主に読書にあてたという。

その勤勉な日々から、九十歳を過ぎても、日本で刊行された論集に求めに応じて寄せた、猿田彦を古代エジプト神話と関連づけた論文「サルタヒコ神についての若干の考察」(篠田知和基訳、鎌田東二編著『サルタヒコの旅』所収、創元社、二〇〇一年)や、因幡の白兎の物語の構造を、北米先住民の神話との対比で分析した"Le lièvre blanc d'Inaba"(篠田知和基編『神話・象徴・文学Ⅱ』所収、楽浪書院、二〇〇二年)などの、創見に充ちた論文も生まれたのだ。

死後すぐにも、思想や文学に関わる多くの雑誌がレヴィ＝ストロースの特集号を出したが、亡くなる以前、昨年四月にも、木馬にまたがった四歳のクロード坊やを肖像画家だった父親が描いた絵をはじめ、幼時や青年時代を含む未公開の貴重な写真を豊富に集め、二人の壮年研究者が編集した好著『クロード・レヴィ＝ストロース――「離見」の人』が、日本ではあまり知られていないが、ガリマール社から出ている(私がリニュロール村の別荘で撮った、祖母の膝の上で本を広げている二歳のクロード坊やの肖像の前で、七十八歳のレヴィ＝ストロース教授がジーパン姿で本を広げている写真も、カラーで使われている)。

これまで多くの本に、一九三八年十一月マチャド川のほとりのキャンプ地に調査者レヴィ＝ストロースが一人たたずむ写真として、紹介されてきた写真が、実際はカットされている左手に、ペニスを露出した全裸のトゥピ＝カワイブの男性が、ものめずらしそうにこの白人闖入者を眺めて立ち、レヴィ＝ストロースも、その男を注視していることが、この本の三六―三七ページの見開き写真でよく分かる。これは私にとっても、新しい発見だった。

米英人類学では(それに倣った戦後の日本の文化人類学でも)最低二年の一地域での住み込みによる参与観察と、現地語の習得が人類学的調査の条件とされてきたが、フランス民族学では長期の参与観察と、通訳を介さない聞き取り調査は、元来なかったし、レヴィ＝ストロースの次世代の民族学者が行なうようになった長期調査でも、重要な現地資料提供者を民族学者のキャンプに呼び、通訳を介して、調査項目についての聞き取り調査をするという調査法が多かったようだ。

ただ、ブラジルでの人類学者による最初期の調査に属する、レヴィ＝ストロースの調査旅行における、短期間の接触のあいだの観察のときすましと、詳しいデッサンには、感嘆する他はない。人間の目というものは、きわめて選択的にしか外界をとらえておらず、問題意識がなければ目は節穴にすぎない。レヴィ＝ストロースの鋭い問題意識に裏付けられた、詳細なデッサンに溢れるフィールド・ノー

レヴィ＝ストロース　4歳の時（父親描く）

トは、それ自体が貴重な資料だ。

没後一周年のいまも、フランスでは一般ジャーナリズムから思想書にいたるまで、レヴィ＝ストロースについて、幅広い再評価がなされているのに驚かされる。

政治家・学者・芸術家を問わず傑出した人物の生涯と仕事を紹介する一般向けの「ル・モンド別冊」『クロード・レヴィ＝ストロース――神話の精神』が、同じシリーズの『シャルル・ドゴール』などと一緒に、街のキオスクで売られているのを始め、サルトルとボーヴォワールが創刊した思想雑誌『現代《レ・タン・モデルヌ》』の最新号（六六〇号）でも、精神分析の専門家でパリの精神科医でもあるジュアン・パブロ・ルッチェリが、ジャック・ラカンとの関係で、レヴィ＝ストロースの神話分析の方法を改めて論じている。

二〇〇八年、著者の生存中に刊行されるのは例外的といわれる「プレイヤード」の作品集の編集にも参加して序文も書き、先に挙げた『…「離見」の人』の共編者でもあるヴァンサン・ドベーヌは、今年九月にガリマールの人文科学叢書の一冊として、五二一ページの意欲的な大著『旅よさらば――科学と文学のはざまにあるフランス民族学』を刊行した。ミッシェル・レイリス、マルセル・グリオールらと並んで、レヴィ＝ストロースも、多くのページを割いて取り上げられている。

とくに、「私は、旅や探検家が嫌いだ」という吐いて棄てるような文言で始まり、「さらば旅よ！さらば野蛮人よ！」という別離の言葉が終章に置かれている『悲しき熱帯』は、旅というものへの屈折した想いに充ちた本と言えるだろう。一九五五年に、この本が初めて「人間の土地」叢書の一冊として世に問われたとき、ゴンクール賞の審査委員たちは、これがノン・フィクションであるために、この文学賞の対象になりえないことを残念がったというのは、有名な話だ。

だが、新婚早々に『悲しき熱帯』のタイプ清書をしたモニーク未亡人は、クロード・レヴィ＝ストロースが、洗練された文章のために、その著作が「文学」として評価されることに不満だと私に話してくれた。『親族の基本構造』（一九四九年）も、『野生の思考』（一九六二年）も、一九六四年から一九七一年にわたって書き継がれた『神話論理』全四巻も、確かに洗練された文章で書かれ、文学にも多くの影響を与えた著作ではあるが、何よりも学問の理論において新生面を拓いた研究書であり、「文学」として評価されるのは誤りだというのがモニーク夫人の意見だ。

だが、レヴィ＝ストロースの著作が、異なる視角からそれぞれ高い評価を受け、難解でありながら、多くの読者を惹きつける魅力をもっていることは確かだ。丁度、リニュロールの別荘で私が先生に手ずから見せていただいた、雲雀《ひばり》を幻惑してとらえる昔の道具である多面鏡さながらの、多面の輝きをもっているからこそ、「ル・モンド」の人物評伝の一冊として、シャルル・ドゴールなどと同等の扱いを受ける、「大衆性」をもちうるのであろう。

世俗的栄光とストイシズムのはざまで

『悲しき熱帯』の最終部である第九部の37章として書かれた「神にされたアウグストス」では、ブラジルの奥地をさまよっているレヴィ＝ストロース自身を、アカデミー・フランセーズ会員などの世俗的栄光からは遠ざかった、はぐれ者として描いている。だが、著者が本気でそう思っているのでないことは、その文章自体からも感じとれるし、事実、そのつもりで働きかけをしなければなれないアカデミー・フランセーズ会員に、レヴィ＝ストロース自身が進んでなり、金ぴかの衣装を着けたことに対して、フランス人の弟子の中には、失望ないし反発する者がいたことも確かだ。だがレヴィ＝ストロースは、文化の伝統を守るということに関して、元来保守的である民族学者が、自らの文化に対してもその役割を担うことの正当性を、自分にも、弟子たちにも明らかにした。

「ル・モンド」の別冊評伝には、レヴィ＝ストロースが老いた母親とモニーク夫人と一緒に、アカデミー・フランセーズ会員になったことを祝って杯を上げている写真がある。だがレヴィ＝ストロース自身、本心においてはアカデミー・フランセーズ会員の世俗的栄光の側面を、忌避していたとも思われる。

アカデミシアン一〇〇歳の誕生祝いと称して、断ったにもかかわらず自宅訪問し、一緒に写真を撮らせて新聞に載せた（日本の新聞にも出ていた）、サルコジ大統領のイメージアップに利用される形で国葬にされることを、何を措いても避けたかったために、わざわざ書いたものにして夫人に渡しておいたくらい、埋葬後の死の公表にこだわったことにも、レヴィ＝ストロースの真意が表われているだろう。あたかも前年には、アカデミー・フランセーズの会員で政治家でもあったモーリス・ドリュオンの国葬が、サルコジ大統領によって、アンヴァリード広場で豪華盛大に行なわれている。

「葬礼の民族学」抄

ここでもう一度、レヴィ＝ストロースの強い遺志で、埋葬後に死を公表したいきさつを、今度中公文庫の一冊として刊行される拙著『「悲しき熱帯」の記憶』の「あとがき」に書いたことの一部修正も兼ねて記しておきたい。

来春フランスのスーイユ社から刊行される予定の、フランスでは未発表だった、レヴィ＝ストロースが日本での講演などで、日本について語っている文章を集め、私が撮ったレヴィ＝ストロースの写真を入れ、モニーク夫人の希望で、私が序文を書く本『月の裏側』の打ち合わせを兼ね、一周忌の弔問と合わせてモニーク夫人を自宅に訪ねたとき、日本の葬儀慣行との違いについて、モニーク夫人からさらにお話を伺うことができた。途中から次男で写真家のマティユーも偶然来訪して話に加わったため、一層詳しい葬礼の民族誌になった。

まず、自宅で逝去した人がいた場合、日本では警官が来て検屍がおこなわれる。この点、フランスでは医師の死亡診断書が権威をもち、警察による検屍を不要としているようだ。レヴィ＝ストロースの場合、毎日診察に訪れる医師がいたために、夕方六時頃の逝去だったが、まだ往診中だった医師を携帯電話で呼び出し、すぐに来て死亡診断書を書いてもらった。

亡くなった日、昨年十月三十日の朝だったが、私は先生と電話でお話した。先生の健康状態を奥さまにお訊ねしようと、パリのご自宅に電話すると、奥さまが出てすぐ先生に電話を渡されたので、びっくりした。声があまりお元気そうなので、もう書いたものは一切読めないと仰っていた前年のことはつい忘れて、これから行くアルザスでの「日本文化における身体」のシンポジウムでの私の報告を、あとでお送りしますと申し上げると、楽しみにしていますというお返事をいただいた。のちに伺ったモニーク夫人の話でも、朝食はめずらしくテーブルについて召し上がり、お元気だったので、午後久しぶりに芝居に行って、看病疲れの気分転換をしようと思い、留守番にパリに住む長男（駐米フランス大使館文化参事官時代に結婚した二度目の夫人ローズ＝マリー・ユルモとの間に生まれた、元ユネスコ職員で日本通だったローラン。『悲しき熱帯』は、八歳のローランに献じられている）を呼び寄せた。だが、午後になって容態が急変したので観劇はとりやめ、結果としてモニークとローランの二人で、先生の死を看取った。

先生の死が公表されたのは十一月三日朝で、私はアルザスでのシンポジウムが終わり、出発の準備をしているときだった。流れていたラジオのニュースで聞き、私は耳を疑った。パリに着いて、空港からモニーク夫人に電話でお悔やみの言葉を声に出すと、涙が止まらなかった。

亡くなったのは夕方六時頃だったが、モニーク夫人との間に生まれた次男のマティユーは、連休なので二人の子どもと一緒にリニュロール村の別荘へ泊まりがけで行っていて、その日は来られず、そのまま村にいて、三日午前の埋葬の準備をした。以前私が、マティユーも呼び寄せて内輪だけで死者を弔ったと書いたのは訂正の要があり、エレベーターで遺体を降ろしたというのも誤りで、布にくるんだまま、葬儀社の人に手伝ってもらって、階段で出口まで降ろしたのだ。

レヴィ＝ストロース家では、馴染みの葬儀社はなかったが、死亡診断書を書いてくれた医師が、懇意の葬儀社を紹介してくれ、その葬儀社に来てもらって固く口止めした上で、日本式に言えば六階のアパルトマンから出口まで、狭いエレベーターは使えないので、遺族と葬儀社の人が一緒に、階段を一階の出口まで運んだ。十一月一日（土）万聖節と二日（日）万霊節＝死者の日とつづく連休に当たったため、アパルトマンには人気がなく、六階の住居から一階まで、誰にも会わずに行かれた。出入口の馴染みのコンシエルジュ（管理人）には、勿論固く口止めをした。葬儀社にあらかじめ言っておいたように、人目につかせないために、霊柩車でなく普通のワゴン車で、遺体をパリの街外れにある遺体保管所（funérarium）に運び、三日朝まで保管してもらった。遺族の希望で遺体を一時保管する

funérarium に当たるものは、日本にはないようだが、フランスでも、カナダ起源で一九七〇年頃からできたもののようだ。

三日は、リニュロール村でマティユーが朝から墓掘人を頼んで村の墓地に穴を掘っておいてもらったが、先生を尊敬していたリニュロールの村長が、五十戸ほどの村の家の一軒一軒に手紙を入れて置いてくれたので、墓地には誰も来なかった。遺体は朝八時頃、葬儀社の車で遺体保管所を出て、十時頃リニュロール村の墓地に着いた。その日は朝から雨が降っていたが、埋葬の時だけ不思議にやんだという。

日本との違いの第二点は、葬儀社の権限が日本と比べて大きく、居住地の役所への死亡届も、葬儀社が行なうことだ。死の翌日十月三十一日は土曜日だったが、朝、葬儀社が、レヴィ＝ストロース家のアパルトマンがあるパリ十六区の区役所に死亡届を出した。口外しないよう区役所の係には、葬儀社から口止めをした。十一月三日の新聞社などへの公表も、葬儀社がした。

「葬礼の民族学」ということで、私は日本での恩師石田英一郎先生の時のことを思い出し、日本では死者にわらじを履かせ、杖をもたせて長い旅立ちの装束にすることもあると話したが、レヴィ＝ストロース先生は、本人の遺志で、パジャマ姿のまま、何の飾りも特別の衣装もなく、埋葬されたという。墓印には、別荘の庭で取った自然石をそのまま置いただけで、夫人がいずれ一緒に埋葬されるとき、碑文を刻むつもりであるという。

消滅するナンビクワラの採集・狩猟民文化

レヴィ＝ストロースが七十年あまり前に調査し、その四十六年後に私も短期間だが訪れたナンビクワラ社会の現状について、この機会に私は知りたいと思い、ナンビクワラのところにも一緒に行っていただいた、サンパウロ博物館勤務でインディオ保護局の仕事もしている日系ブラジル人の宮崎信江さんに連絡を取った。折悪しく、甥御さんと長くタイに行っておられた時で、帰国後は体調を崩され、現状について断片的な情報を送って下さったのは、かなり後になってからだった。

二十六年前、短い間だったがその生活に触れ、いろいろな意味で感銘を受けたナンビクワラの人々の集落も、生活文化も、消滅に瀕しているようだ。以下、宮崎さんからの便りを要約して記す。

私が行ってからまもなく、ナンビクワラ居住地の一つサラレ地区で金鉱が見つかり、外から大量の人が入った。それに伴う仕事に就いたり、商業活動をする者も出てきた。森林資源の伐採も野放途に進んで、かつてのような広大な居住地は確保され得なくなった。その後の人口統計がまったくあてにならないのは、彼らの居住地が以前のようではなくなったからでもあり、若者で都市、それもかなり離れた地域へ移住する者が増えたからでもある。

マンジョーカやバナナ、落花生の栽培や乳牛の飼育、ココナッツの実の殻の細工などで現金収入を得ることは以前より進み、子どものポルトガル語教育も進んだ。外部からの居住者の流入と新しい産業の発生にともなって、ナンビクワラの家庭にも、テレビ、ガスコンロがあり、狩猟にもかつてのような弓矢を用いることは少なくなり、鉄砲を使うようになった。食生活でも、コーヒーや砂糖、米の消費が増えた。

ＦＵＮＡＩ（インディオ保護局）では、ナンビクワラの少年や一部少女を、サンパウロの病院やサンパウロ州立大学の医学部で三年間教育してから、もとの村に帰して保健士の仕事をさせ、給与を支払うということもしているという。

だが、ブラジルの国全体で進みつつある開発の大波の中で、人類の大部分が、その歴史の大部分の時代を生きてきた採集狩猟の生活文化を守ることは、いまや特権的な贅沢に属することになりつつあるのであろう。さらに、若い世代の価値指向の変化、都市生活への憧れも、世界の他の地域でと同様、ブラジルでも抑えられない流れになりつつあるのではないだろうか。

日本では『空から大きな星が一つ落ちた』

（夕刊紙『ル・モンド』二〇〇九年十一月五日（木）二二ページ「クロード・レヴィ＝ストロース逝去」特集ページに掲載）

「偉大な人物が亡くなると、日本では『巨星地に墜《お》つ』と言います。クロード・レヴィ＝ストロースは、疑いなく、このような巨星の一つでした。けれども、星たちが輝きつづけている今夜の空を眺めながら、私はこの巨星は、落ちたのではなく無限の彼方へ飛び去ったのだと思っています」。レヴィ＝ストロースの弟子であり友でもあり、『悲しき熱帯』をはじめ多くの著作を翻訳した民族学者の川田順造は、このような言葉で、この人類学者が現代日本の思想に占めていた位置の大きさを語る。「人間中心主義を捨てることによって、レヴィ＝ストロースの著作は、文化の違いを超えた世界と倫理への道を拓いたのです」。

クロード・レヴィ＝ストロースは、日本との間に、特別の関係を保ち続けていた。彼はこの列島を、一九七七年に六九歳で初めて訪れた。『悲しき熱帯』の日本語訳の序文に、レヴィ＝ストロースはこう書いている。「感情と思考においては、少年時代のすべてと青年時代の一部を、私はフランスでと同じくらい日本で過ごした、ということができます」。

この国は、幼い頃から彼を魅了して来た。だが日本について語るに十分なだけには、知らなかった。学術的な唯一の貢献は、十世紀の偉大なロマネスク作品である『源氏物語』に描かれている、いとこ同士の結婚に対する態度についての比較検討だった。「けれども、彼の日本についての考察は、日本の知識人にとっては大きな刺激でした」と、川田順造は続ける。「いつもながらの謙虚さで、レヴィ＝ストロースは彼が日本について考えたことは、フランス語に翻訳されるには値しないと、繰り返していました。残念だったのは、彼はこの国に、人間の自然に対する関係の特殊な考え方があることを、見抜いていたことです。ある意味で、彼の日本についての関心は、研究上の単なる脱線ではなく、彼の仕事の核心に触れる一要素だったと思います」。

＊　＊　＊

レヴィ＝ストロースの死が公表された翌日の紙面（『ル・モンド』紙は日刊だが朝でなく夕方発売になる）、コレージュ・ド・フランスの講義およびレヴィ＝ストロースが創設した「社会人類学研究所」所長の継承者フランソワーズ・エリティエ執筆の追悼文が大きく載った特集ページの左側に、レヴィ＝ストロースと関係が深かったブラジルと日本での反響が載せられている。日本の欄は、有名な日本通で日本についての著書も多い『ル・モンド』紙日本特派員フィリップ・ポンスが、前年に旧知の川田にインタビューして準備しておいた川田の談話を、「日本では『空から星が一つ落ちた』」という見出しで大きく載せた。

デュルケーム、モースの継承と展開

最初にレヴィ＝ストロースに接したのは『構造人類学』の原書が刊行されたときでした。当時日本で出ていた『社会人類学』という雑誌に私が書評を書いたんです。それはまだフランスに行く前の院生一年のときでした。後に、『構造人類学』はみすず書房から翻訳が出ましたが、それは何人かで共訳したものですが、全体の三分の一くらいを私が翻訳して、終わりにかなり長い解説を私が書きました。

私は学部のときから、フランス社会学派と呼ばれているデュルケームやモースに興味をもっていました。デュルケーム『宗教生活の原初形態』や、マルセル・モースの呪術論や身体技法に関する論文を、卒論やレポートでも使いました。レヴィ＝ストロースはデュルケームやモースの伝統を継承し、発展させた人類学者といえます。

学部の学生だった頃から、マルセル・モースの"*Sociologie et anthropologie*"という大きな論文集は読んでいましたが、そのかなり長い序文をレヴィ＝ストロースが書いていますから、当時からレヴィ＝ストロースのことは知っていました。

モシ王国との出会い

『構造人類学』の書評をしてレヴィ＝ストロースの著作に触れたことに加えて、ブラジルでの調査から戻って間もなかった、私の指導教授泉靖一先生も、レヴィ＝ストロースの『悲しき熱帯』のことをよく話しておられましたから、なお、関心は強くなっていました。その後、一九六二年、大学院の学生のときに私はフランス政府給費留学生としてパリに行きました。そのときの主な目的はアフリカの研究です。

前期課程で理科二類という生物系にいた私は、学部後期課程から、教養学科に創設されて二年目の文化人類学科に進学したのですが、その理由は日本の民俗学、とくに折口信夫に興味をもっていたからです。折口信夫が亡くなった直後で、お会いする機会はありませんでしたが、柳田國男先生には最晩年に個人的にもご教示を受けました。けれども、「文化人類学は人類という視野でものを考える学問なのだから、日本以外のところも研究しなければいけない」と先生方に言われ、それなら日本とまったく違うところを勉強したいと思うようになりました。初めはメキシコのアステカに興味があったのですが、そのうちに、ご自身はアフリカに行ったことがないけれども、アフリカに関心のつよい岡正雄先生のアフリカ民族誌の講義を聴き、岡先生のお勧めもあって、アフリカの研究をすることにしました。

しかしその頃の日本では、アフリカ研究の参考書もないし、先生もいません。最初に岡先生が勧めて下さったのは、西アフリカの旧フランス語圏の内陸の広域に生活している、フルベという遊牧民でした。学部の前期課程でドイツ語のクラスだったので、ドイツ語の文献は読めましたが、大学の研究室にあったドイツのウェスターマンという学者が書いた『アフリカ史』という概説書を読んでいて、モシ王国に興味をもちました。

とくにその中の一枚の写真、土で作ったレース編みのような王宮の前で、年取った王様の前で、大勢の臣下が土下座して王を拝んでいる写真を見て、こんな白昼夢のようなところが世界にあるのなら、行ってみたいと思ったのです。あとで現地研究を重ねるうち、これは大変な「やらせ」の写真だったことが分かりました。ただ、別の地方ですが王様を臣下が土下座して拝する、やはり白昼夢のような儀礼の写真を、『アフリカ史』の写真を見た数年後に、私自身で撮る機会もあり、このようなモシ王国がいったいどのようにしてこのサバンナのただなかに形成されたのかという関心は、裏切られませんでした。

フランスは植民地支配の過去もあって、モシ王国のあった地域も含む西アフリカの研究が盛んでしたから、パリでその蓄積を学ぶこと、そしてアフリカ研究とくに政治人類学の第一人者で動態研究を重視していた、ジョルジュ・バランディエ先生の指導でアフリカについて研究することを主な目的にして、フランスへ留学したのです。けれども同時に、レヴィ＝ストロースの理論にも強い興味はもっていました。

フランスでレヴィ＝ストロースに接する

レヴィ＝ストロース先生に初めてお会いしたのは、一九六二年の十月です。『野生の思考』が出た直後でした。『野生の思考』は、『弁証法的理性批判』にかかわるサルトルとの論争でも注目されていました。その前に『今日のトーテミズム』という本が出版されていますが、そこではデュルケームの研究が土台に使われていて、学部生の頃からの私自身の関心ともつながるものでした。

レヴィ＝ストロース先生とバランディエ先生は、初めは一緒に学会誌編集などもしていたのに、ある時期以後、些細なことがきっかけで、仲が悪くなっていました。でも私が、アフリカ研究についてバランディエの指導を受けることについてはレヴィ＝ストロースも認めてくれましたし、私もレヴィ＝ストロースの研究方法を、批判的に自分の研究に活かす上で、現在までバランディエ先生とも親しく接して来たことが、どれだけプラスになったかわかりません。私の博士論文がパリで出版されたときには、バランディエ先生が丁寧な序文を書いて下さっています。

その頃、レヴィ＝ストロースは、コレージュ・ド・フランスの、一般公開で誰でも聴講できる講義で、のちに『神話論理』に結集される神話の分析を講義していました。同時に、先生が主宰する「社会人類学研究室」で、一人一人先生の面接後に出席を認められるゼミもあり、それにも私は参加しました。並行して、私自身が研究課題としていたモシ王国の形成については、バランディエ先生の指導を受けていました。

その時期には、レヴィ＝ストロース先生と度々お話するということはありませんでした。ただ初めに足掛け三年パリに留学して帰るとき、「これからもご指導お願いします」と申し上げたところ、「あなたの学問が進むのは、あなたが対象の中に発見するものによってであって、私からの影響によってではない」と言われたことが、強く印象に残っています。

帰国してまもなく、マリノフスキーとレヴィ＝ストロースが収録される中央公論社の「世界の名著」の一巻として、『悲しき熱帯』の一部を私が訳すことになりました。アフリカに調査に行く途中にパリに寄って、私はレヴィ＝ストロース先生にお会いし、部分訳することを直接お話しました。『悲しき熱帯』の全訳が単行本として出たのは一九七七年で、ずいぶん後になってからですが。一九六七年に出た「世界の名著」の部分訳に、レヴィ＝ストロース先生が寄せて下さった序文には、絵描きだったお父さんにもらった浮世絵などを通しての、幼い頃からの日本文化への関心が述べられています。

レヴィ＝ストロースの「構造」

『悲しき熱帯』を読むと、レヴィ＝ストロースがその後展開した構造主義の方法が、どのようにして形成されたのか、最初期の状況がよくわかります。構造主義というのは対象の中から構成要素を抽出して、その要素の相互関係——すなわち構造——を考えるという方法です。そのとき大事なのは、構造を変換させながら不変のものを探っていくという点ですが、その考え方の生まれた背景と、その方法の適用の試みが、『悲しき熱帯』を読むとよく見えて来ます。

レヴィ＝ストロースは、フランスとブラジルの博物館の資料収集のために、長距離を移動し、広範囲にわたって調査をしました。一方、別の意味の構造、とくにイギリスの社会人類学でいう社会構造というのは、ラドクリフ＝ブラウンがアンダマン諸島に長期間滞在して、島民の生活を詳しく知り、彼らの社会構造を明らかにしたことが、重要な出発点となっています。その弟子たちに継承された研究方法では、一つの社会に二年以上は住みこみ調査をすることが最低条件になっています。

レヴィ＝ストロースはいくつもの社会を歩き、その間に見いだされる構成要素を変換して、その中に不変の構造を見つけていくという方法をとりました。レヴィ＝ストロースのゼミでも、構造主義の方法を適用したといいながら、ある一つの社会での研究をもとに発表をする若いフランス人研究者もいたのですが、レヴィ＝ストロースに「それは構造主義ではない」と批判されていました。

レヴィ＝ストロースが神話の分析を行なったアメリカ大陸の先住民社会は、その意味で特権的な場です。アメリカ大陸の先住民は、いまのベーリング海峡が陸続きだったときに第一波が、年代については一万五千年位前とか、もっと古いという説もありますが、アジアから渡っていって、南の端まで三千年くらいの短期間に移動しています。北のアラスカから南のパタゴニアまで、途中には山もあるしジャングルもあるのに、三千年で移動しながら、それぞれの自然条件に適応して文化を作っていったわけです。

ですから生物学の用語を借りれば、多様な表現型、フェノタイプを示している複数の文化相互の深層に、遺伝子型、ジェノタイプの共通性があるのは当然です。だからこそ、ある文化から抽出した構造を隣接する社会で見ると、構造を形作る要素間の関係が、ここではこうなっているという変換が、当然のこととして出てくるのです。その原型が『悲しき熱帯』に叙述されています。それは、後の『神話論理』に見事に展開されてゆきます。『神話論理』は多面的でしかも精緻ですけれども、それを読み解く鍵は『悲しき熱帯』の中にあると言ってもいいと思います。それはイギリス式に一つの社会に長期間住みこんで見出しうる——私の場合も、モシ社会に長年暮らして、その文化の構造を見つけることができましたけれども——という意味の構造とは違うのです。

「考えられた」領域と、「生きられた」領域

『悲しき熱帯』の翻訳を担当したことが一つのきっかけとなって、徐々に私はレヴィ＝ストロース先生の学問に直接触れるようになっていきます。私の論文集『文化を交叉させる——人類学者の眼』(青土社、二〇一〇年) には、レヴィ＝ストロース先生が懇切な序文を書いて下さっていますが、そこに収められた論文「肖像と固有名詞」でも、私のモシ王国の形成についての博士論文の中でも、西アフリカにおける王国の起源伝承、建国伝承の分析では、意図せずに構造主義的な方法を私は使っています。

私は、フランス語で博士論文を書いた後、その方法論の部分を日本語で展開して、『無文字社会の歴史』(岩波書店、一九七六年。その後二宮宏之さんの解説付きで「岩波現代文庫」) という本にまとめています。その中でも、私の研究が直面する課題として挙げたものに、神話などの「考えられた次元」と、現実に人間がいて生活するという「生きられた」次元、私の場合ですと、モシ王国の政治構造の次元などとの関係をどう考えるかという問題があります。「生きられた」次元を、私の博士論文で不十分ながら試みたように「動態的に」とらえるというのは、私の論文の指導教授だったバランディエ先生が、理論的にも展開された領域でもあります。私は、方法的にも対蹠的だし、お互いに仲が悪かったレヴィ＝ストロース先生と、十二歳若いバランディエ先生という、現代フランスの人類学における二人の巨人に、この二つの面でそれぞれ親しく指導を受けられたというのは、幸せだったと思っています。

私が試みたような建国神話の構造分析は「考えられた」領域にかかわるものですが、その領域と現実に「生きられた」政治社会の構造をどう関わらせるかという問題は、研究者の対象社会との倫理的な関わり方にもつながるものです。この問題についてのその後の考察はフランス語でも発表していますが、日本語で一般に読みやすい形では『サバンナの王国　ある作られた伝統のドキュメント』（リブロポート、一九九二年）、『サバンナミステリー　真実を知るのは王か人類学者か』（NTT出版、一九九九年）という長い題の新書版の本にも書いています。レヴィ＝ストロースとサルトルとの論争でも重要だった点ですが、「考えられた」次元の問題と「生きられた」次元の問題をどう関わらせるかは、現在の私にとっても重要な研究課題です。

「ブリコラージュ」の革新性

レヴィ＝ストロースの人類学への貢献であり、魅力として、『野生の思考』で「ブリコラージュ」という概念を提起していることも挙げられるでしょう。この概念を人類学研究に取り入れたことは革新的ですが、不思議なことに、フランス語以外ではこれにぴったり対応する言葉がないのです。日本で翻訳された大橋保夫さんは、ブリコラージュを、日本語で該当するものがないので、「器用仕事」と訳して、注でブリコラージユの意味を説明しました。「器用仕事」という言葉は、『野生の思考』を和訳するために大橋さんが作った言葉で、在来の日本語にはありません。元は十四世紀のイタリア語で弩《いしゆみ》を指した言葉に由来しているらしいのですが、現代イタリア語には、ブリコラージュに対応する言葉はないようです。『野生の思考』ではブリコラージュという概念を科学的思考に対比させて使っています。科学的思考というのは特定の概念に基づく体系をもち、体系の中にある素材を用いて考える。けれども神話的思考というのはありあわせの材料で思考する。

レヴィ＝ブリュールの『未開社会の思惟』という本はよく知られていますが、『野生の思考』が刊行される前まで、人類学者をはじめ多くの人々が考えていたように、社会の進化にしたがって、未開社会の前論理的な考え方から、文明社会の科学的思考に移ったのではなく、すべての人の考えの中にその両方が共存しているということを、レヴィ＝ストロースは『野生の思考』で証明しました。

レヴィ＝ブリュールも、死後に発見されたノートで、未開社会の考え方から科学的思考に移ったという考えを訂正しているのですが、二十世紀前半までは、レヴィ＝ブリュールに限らず、イギリスのタイラーなどが、十九世紀半ば以来のダーウィンの生物進化論と平行して文化進化論を唱えていまして、それが人類学でも主流となっていました。これは、十九世紀半ばの西洋世界が到達したのが最も文化の進んだ段階で、アフリカやアメリカ大陸、オセアニアに当時見出された文化は、それより劣った古い段階の残存だという考え方です。それを否定ないし修正する、伝播説や多系進化説などもあったのですが、レヴィ＝ストロースは、ブリコラージュに基づく「野生の思考」と、「馴化《じゅんか》された思考」というべき科学的思考とが、すべての人間のなかに共存していることを、多くの事例に基づいて、論証したのです。

ブリコラージュを技術論へ

ブリコラージュは、本来その目的のために作られた部品ではない、ありあわせの素材で、ある目的にかなう全体を作りあげる作業を指しています。画一化され機械化された近代産業に対する一種の抵抗として、二十世紀の初めにフランスで生まれました。一九五〇年代になると、いろいろな機械の廃品を組み合わせた立体造形表現が、メキシコやアフリカをはじめとして盛んになり、ジャンク・アートと呼ばれるようになります。二十世紀の初めにフランスで生まれたブリコラージュは、ジャンク・アートを半世紀先取りしていたと言えるかも知れません。

ブリコラージュという名詞は、フランス語では「ブリコレ」という動詞から来ているのですが、「ブリコレ」は、乗っている馬が自分で藪や木の根を上手に避けて進んで行くとか、ビリヤードで撞いた球が意図とは違う動きをしたことが、よい結果をもたらしたというように、仕組まれたものでない偶然が幸運を思いがけなくもたらすという意味の動詞です。ですから『野生の思考』でレヴィ＝ストロースが、神話的思考はブリコラージュだと言ったのは、ありあわせの材料でうまくやる、しかもそれは概念を使って行なうのではなくシーニュ、すなわち記号でやるということです。記号というのは、見た目が似ている、外見が似ているということからの連想と言ってもいいです。概念は、体系があってそのなかに位置づけられたものです。ですから、ブリコラージュというのは、わかりやすく言えば、システムのなかの純正部品ではなく、あり合わせの素材を、見かけの類似をもとにして、ある全体をこしらえるということです。

ただレヴィ＝ストロースは、神話の問題にブリコラージュという概念を適用しているのですが、元来ブリコラージュの考え方は、神話ではなくて現実の、つまりある意味で技術的な領域にかかわるものでした。私は技術や物質文化、「モノ」に興味があって、日本やアフリカやフランスでも調査をしていましたから、ブリコラージュという考え方を技術の領域にあてはめて研究してみたいと、レヴィ=ストロース先生にお話ししました。先生も「それは重要ですから、是非やって下さい」と言って下さり、その結果はこれまでいろいろなところに発表して来ました。二〇〇八年に、人文書院から出しました『文化の三角測量』という講演集の一番最後にある、道具学会で行なった講演のなかで、人と物の関わりのなかでのブリコラージュの問題を取り上げています。二〇〇〇年に私がユネスコの『世界文化報告書』の編集委員だったときに、ワーキングペーパーとして英文でユネスコから刊行され、今度日本語では初めて発表する、「技術文化における地域的なものと、グローバルなもの」というやや長い論文（先に触れた論文集『文化を交叉させる―人類学者の眼』青土社、二〇一〇年、所収）でも、鉄砲製作の問題を中心に、この問題を論じました。この点では、レヴィ=ストロース先生の考え方に大きな示唆を受けて、私なりに別の方向へ研究を進めたと言えます。

ブリコラージュからの更なる発展

私がアフリカで学んだ思考方法の一つとして、アフリカのモシの言葉で「マケ」という動詞があります。これは「何かが何かに似ている」ということから、日本語でいうと「はかる」という言葉に相当する意味場をもつ動詞です。「はかる」の「はか」というのは、元々は「はかどる」という動詞と同じ語源で、労働の単位、稲や萱を一抱えにする束を指していました。それと同時に「はかる」には、「やってみる」とか「くわだてる」という意味もあります。モシ語の「マケ」という動詞もまさにそれと同じで、「似ている」とか「ある物をある物にあてはめる」という意味の他に、そこからひろがって「やってみる」という意味もあるんです。だからブリコラージュの元になっているのは、物の見かけの類似によってあてはめ、やってみることですから、「マケ」するということですね。

世界の認識の方法として、亡くなった科学哲学の坂本賢三さんが『「分ける」こと「わかる」こと』（講談社現代新書、一九八二年）という本を出された直後に、それをめぐって平凡社の雑誌『太陽』（一九八二年九月号）で、坂本さんと私とで「『分けること』は『分かること』か」という題で対談をしたことがあるんです。そこで、より単純な構成要素に分けることによってわかる、というわかり方も確かにあるけれども、同時に、一番確かに「わかって」いる自分の体から出発して、それを他のものに当てはめて、つまり「はかる」ことによって「わかる」というわかり方があって、むしろそちらのほうが原初的ではないかということを私は述べました。その場合の「はかる」というのは、たとえば人間の体を尺度にはかることは、尺や尋《ひろ》をはじめ、世界中にありますね。人間は万物の尺度であると古代ギリシャでも言われていたように、自分の体が一番「わかって」いるものである。そういうわかっているものを元にして、わからないものを「はかって」いくやり方、それは詩的言語の役割と同じです。

たとえば目の前に収穫したお米が山のようにある。「これはたくさんあるな」という漠然とした認識から、それを升で「はかる」ことによって「これを売れば幾らの収入になる」とか「家族で何日間食べられる」とか、お米の山がもっていた別の意味が「わかって」くるわけです。そういうことが「はかる」ことではないかと対談で私は話したんです。

その後も私は「マケする」こと、「はかる」ことについて考えているのですが、認識の方法として、「分ける」ことによって「わかる」というのは、世界を有限個の単位に分けて、世界はその単位の組み合わせによってできていると考えることではないかと思うのです。要するに、原子論です。分子、原子、素粒子と分けていって、そういうものから人間も物もすべてできていると考えるのが原子論ですね。元素の数は、時代が新しくなるにつれて増え、二十一世紀になっても増え続けていますが、その全部合わせても一〇〇余りのもので、人間もいろいろな物でできていると考える。そして陽子の数が、元素の性質を決めるという考え方、それはやはり「分ける」ことによって「わかる」考え方ではないかと思います。

文字についても、同じように考えています。狭義の文字の成立過程は、ユーラシアの西と東で異なり、西の方では、元々は象形的な要素もあったけれども、楔形文字から最終的にはアルファベットになった。アルファベットでは、英語の場合二十六文字ですべてを書くことができます。フランス語やドイツ語はそれにいくつか付け足されますが、それでも三十くらいのものです。

ところが漢字は、常用される文字だけでもはるかに数が多く、しかもいくらでも作れるわけです。以前、漢字の専門家から聞いたのですが、いま中国のコンピュータでは、偏《へん》や旁《つくり》という構成要素をもとにして、自分でどんどん新しい漢字をつくれるそうです。部首は限られた数のものではありますが、その種類はずいぶん多いですから、組み合わせはほぼ無限に近くあるわけです。峠《とうげ》とか凪《なぎ》など、国字というメイド・イン・ジャパンの漢字も沢山ありますし、「慶應大学」を、まだれの中にKとOを入れて書くような（广K广O）、複雑な字を略す字体もありますよね。

そういう無限の要素の組み合わせによって言葉を表現していくことに対して、二十六の要素ですべてが表現できるということは原子論と同じで、世界が有限個のものからできているという思想と通底するところがあると思うんです。ただ、文字でなく「語」のレベルで考えれば、二十六文字の組み合わせも、無限に近くあるとも言えますが、中国語の場合、表音語としても二十六文字とは桁違いに多い要素を常用するわけですし、漢字仮名まじりの日本語も含めてキーボード機器を考えても、漢字とアルファベットとでは、構成要素の考え方が対照的に違うと思うのです。

そういう点で私はブリコラージュを、原子論とは逆の指向をもった世界認識の方法としてとらえたい。コンセプトというのは世界を有限個に分けて、その中で性質を考えていくものですから。先ほどの生きられたものと考えられたものの議論とはまた別の次元の問題として、ブリコラージュを技術論として再検討するときに、そういう問題も入れて考えたいと思ったんです。この点についても、レヴィ＝ストロース先生ともずいぶんお話しました。先生も基本的に認めて下さいました。私もまだ入口のところで、これから進めていきたいと考えています。これもレヴィ＝ストロース先生のブリコラージュという考え方から私が学んだ、別の方向への発展の一つと言えます。

自然的一元論からみる人間

もう一つ、私には、レヴィ＝ストロース先生とはまったく別の道をたどっていたけれども、基本的に共通している考え方があります。自然一元論です。

『悲しき熱帯』の最終章に記されている、「世界は人間なしに始まったし、人間なしに終わるだろう」という言葉は、素晴らしいと私は思っています。世界があって、人間はその中であくまで仮の存在であるということで、人間中心主義ではないわけです。私は若い頃書いた、『曠野から』（筑摩書房、一九七四年、後に中公文庫）の中で、レヴィ＝ストロースとは別の道をたどって、結論としては同じようなことを書いていています。以前、大学の共通一次の国語の問題にも出たくだりですが、「理想の楽園としての人間の『自然状態』は、おそらく過去にも存在しなかったし、将来も地上に存在しないだろう」という部分です。けれども「自然」から自己異化した人類は、最終的には改めて自分の意志で「自然の理法」に合致することを求めて模索をつづける、その過程が人間の歴史ではないか、とアフリカでの人間の生死をめぐる極限的状況に立ち会って、書いたのです。

そのことをレヴィ＝ストロース先生に話したら、自然の理法というものにはどうやって到達するのか、仏教の高僧のように瞑想によって一挙にそれに到達できるのでないとすれば、普通の人がそれに到達するにはどういう方法があるかをレヴィ＝ストロース先生は考えると言っていました。自分はごく常識的な意味でのカント主義者だ、つまり不可知論で考えるということでした。物自体は人間には知ることはできなくても、人間の認識によってとらえたものを通じてそれに近づいていくという一種の懐疑論ですよね。それは方法としては正しいと私も思いますし、私も到達できるというのではなく、到達を目指す模索の過程が人類の歴史ではないかと言っているわけです。

しかし、レヴィ＝ストロース先生と私が共通して考えている点は、人間は一番偉くて最終的なものではなく、もっと大きなものの一部に過ぎないという考え方です。それを私は「自然的一元論」と言っているんですね。これに対比させて考えているのは「創世記パラダイム」と私が呼んで、これまで日本語で発表してきただけでなく、カトリックの本拠地のシエナの大学やウィーン郊外のハイリーゲンクロイツ僧院でのシンポジウムでも、フランス語や英語で発言してきたことです。

『旧約聖書』の「創世記」には、造物主は自分の姿に似せて人間をつくり、他の動物や植物を人間に役立たせるためにつくったと書かれています。それは確信犯的な人間中心主義だといえます。十九世紀的ないわゆる西洋ヒューマニズムに結晶する、ある意味で重要な思想上の役割を果たしたことは確かですけれども、現在では「創世記パラダイム」は完全に破産したと思います。「創世記」では造物主は同時に、自分が造った人間に「生めよ、ふえよ、地に満ちよ」と言ったのですけれども、人口爆発が深刻化している現代に、「生めよ、ふえよ」とは言っていられません。世界の資源は限りあるものだという危機感も現実のものになっていますし、生物の中であとになって存在し始めたホモ・サピエンスが、日々おびただしい数の他の生物種を抹殺しつつあり、世界の生態系を破壊しているという認識も深まっています。人間が他の生物を支配するのが造物主の摂理で、他の生物は人間のためにあるという考え方は誤りで、私たちが直面させられている現実に対応するためにも、自然一元論を改めて考えなければならないと思います。

私が考えているのは、ホモ・サピエンスという単一種を超えた種間倫理です。それについて私は、これまで色々な機会に書いていますが、それを考えるのが人間である以上、人間中心にならざるをえないという基本的なジレンマを含んでいます。けれども、始めから「人間は世界の王様だ」と考えるのとは違います。

「種間倫理を求める構造主義者」

以前、レヴィ＝ストロースの研究室で出している雑誌“*L'Homme*”に、私がレヴィ＝ストロースについて書いた文章に、“Un structuraliste ã la recherché d'une éthique interspécifique ?”「種間倫理を求める構造主義者?」という題をつけました。最後に「?」をつけたのですが、これを先生は読んで、「この「?」は取ってもいい」とおっしゃいました。

『中央公論』二〇〇一年四月号に私が翻訳して載せたレヴィ＝ストロースの「狂牛病の教訓」（初出は、イタリアの新聞『ラ・レプブリカ』、一九九六年。本書第5部に収録）は、日本で狂牛病が問題になる前でしたけれども、広がりのある鋭い考察なので、思いがけず反響があり、新聞の論壇時評でも取り上げられました。ここでレヴィ＝ストロースは、狂牛病というのは、人間が牛の内臓などを処理したものを与えて牛に共食いを強いた報いだという見方をしています。牛は反芻動物で、反芻するときにはバクテリアが要るから、牛は純粋に草食動物とは言えない。けれども牛を人間が食べること自体が、拡大されたカニバリズム、つまり共食いだという考え方です。そして人間の食生活の未来に対しては悲観的な見通しを、先生一流の諧謔を交えて書いていて、人間が世界の支配者ではないということを、狂牛病を通して強調しています。

日本でも、種間倫理について発言している人もいます。中村桂子さんもその一人ですね。中村さんの場合は私が今言ったような人間中心主義の否定ではなくて、もっと広い視野からの生命倫理の問題として、種間倫理もその一部として考えていらっしゃると思います。その中では当然、人間中心主義ではありえないわけです。ただ私が言っている種間倫理とは、少し意味が違います。ある意味では中村さんの方が徹底しているかも知れません。種間倫理というより、むしろ生命現象全体の中に人間を位置づけるという立場ではないかと思います。結果としては同じような方向だけれども、発想の起点というかニュアンスは、違うのではないかと私は思っています。

レヴィ＝ストロース先生の人間や学問から、私は沢山のものを学んだし、その中から発展させていきたいと思うものが、今お話したようにいくつもある。それは、レヴィ＝ストロースの思想の魅力でもあると思っています。ただ、私はそれを受け売りしたり、評論家のように論評したりするのではなく、はじめの留学から帰国するとき先生が私に言われたように、私自身の研究の中で、自分なりに別の方向に継承・展開して行きたいと考えています。

レヴィ＝ストロースから学んだもの

構造主義の方法

構造主義の方法には、主観の研ぎすましという面があって――これがサルトルとの論争の根本にもあります――、フランス語の le conçu（考えられたもの）と le vécu（生きられたもの）の関係を考える上で、重要な問題を提起します。

これは私が旧著『無文字社会の歴史』（岩波現代文庫）でも問題にした点ですが、これからも考えたいと思っているのは、二つの次元での事象の関係を探ることです。『無文字社会の歴史』の元になった、パリ第五大学に提出した博士論文の中で、王国の起源神話の分析をしました。そこで用いたのは、構造主義的な方法です。レヴィ＝ストロースが社会人類学研究室で主宰していたゼミでも、構造主義の方法を適用した研究発表をする人が何人もいましたが、なかなかうまくいかなかったのです。特にアフリカではうまくいかなかった。

レヴィ＝ストロースがアメリカ大陸で適用した構造分析は『神話論理』に集大成されていますが、実にうまくいっている。それは一つには、アメリカの先住民文化というのは、第一波の主な移住民が、一万五〇〇〇年あまり前にベーリング海峡を渡ってから、三〇〇〇年足らずで南の端まで到達したことに多くを負っていると私は思うのです。つまりアメリカの先住民の文化というのは、基本的な斉一性があり、しかも地域的な偏差を示している。ですから構造分析の原則である、基本構造の構成要素間関係の設定とその変換を通して、要素相互が形作る深い構造が意味するものを発見していくという方法に適した素材そのものが、アメリカの先住民文化にはあると言ってもいいと思います。

このことはレヴィ＝ストロースが、ブラジルでの調査体験を通じて、後の構造主義の方法へと発展してゆく思考を克明に描いた『悲しき熱帯』にも、萌芽的な分かりやすい形で、随所に示されています。レヴィ＝ストロースがおこなった一ヵ所での調査というのは、最も長いナンビクワラのところでもそれも――ナンビクワラ社会の中で移動しながら、調査期間を明記していませんが、前後の状況から判断してせいぜい三週間です。イギリス流の社会人類学的な意味で、つまり「生きられた次元」での社会構造を明らかにするためには、最低二年間、一つの社会に住み込んで、住民と寝食を共にしながら暮らすことが必要条件とされています。一年目は季節の変化にともなう住民の生活の変化を追うことで精一杯ですが、二年目にはそうした一年の変化を待ち受けて、住民の意識の変化などを、じっくりと観察することができるからです。これは私も、モシ社会に通算して九年あまり暮らして実感したことです。

ですから、言葉も片言程度しか通じず、しかも内部で移動しながら、三週間観察したなどというのでは、「生きられた次元」での構造を明らかにする調査としては問題になりません。それでもレヴィ＝ストロースは、僅かな「徴候」を丹念に検討・分析して、その乏しい資料から、さまざまな考察を引き出しています。けれどもそれが、「調査者の主観」の研ぎすましでしかないという保証はまったくありません。調査対象者たちも皆等質ではなく、しかも彼らの意識と調査者の解釈との相互チェックは、十分ではないからです。

レヴィ＝ストロースのブラジル調査は、フランスとブラジルの博物館の標本収集を目的とした、広域の縦断的調査だったわけですが、そのような調査でつかみとった、構成要素の相互変換を通じて文化の構造を明らかにしてゆくという方法に、ブラジルを含むアメリカの先住民文化は適していたし、このような縦断的調査を通じて、レヴィ＝ストロースは構造主義の方法を会得したと言えるのではないかと思うのです。

これに対して、アフリカ大陸では住民の移動がもっと複雑です。人間の居住の歴史は極めて古い一方で、移動の歴史は新しく、重層的です。こういう地域の文化には、アメリカ大陸で成功した構造分析は、当てはめにくい。

私がはじめは構造分析としてではなくやっているうちに、結果として構造主義的な分析になったのは、王国の起源伝承に関するものです。歴史的に関運している王国の起源伝承を、いくつもたどれるのですが、それは相互に関連している伝承の分析ですから、要素の変換が出来るのです。もうすぐ出版される論文集『文化を交叉させる――人類学者の眼』（青土社、二〇一〇年）に図版を補完して収録されている「肖像と固有名詞」でも、これを正面から扱っています。この論文はフランス語でも発表して、レヴィ＝ストロースも読んで、その分析の方法と結果を認めてくれたし、私も妥当性があると思っています。アフリカでも、「考えられた次元」の相互に関連したものをたどって分析したら、結果として構造分析の方法を当てはめたものになったのです。

ただこれは、起源伝承ですから、あくまで「考えられた次元」のものです。一方で私が長期の住み込み調査で明らかにしてきた、現実に土地の人たちが作ってきた王国の政治構造は「生きられた次元」に属するもので、この両者の関係について考えることは、いわゆる「構造主義」を超える作業でもあります。これについては、レヴィ＝ストロースとも十分に議論してきましたし、私の博士論文の指導教授だった、構造主義には批判的で「生きられた次元」の研究を重視するジョルジュ・バランディエとも、勿論議論したことです。

フランス語で発表した論文としては、「歴史性と主観性」という題の、レヴィ＝ストロースのコレージュ・ド・フランスでの後継者になったフランソワーズ・エリティエに献じられた論文集に寄稿した論文で、この問題を取り上げました。日本語では、この両者の関係を集約した、起源伝承を王様が数日間の儀礼によってたどる出来事の密着記録と考察を、『サバンナ・ミステリー　真実を知るのは王か人類学者か』（NTT出版、一九九九年）という長い題の本に書いています。

生きられた次元のものと、考えられた次元のものとの関係は、私が強い関心をもっている物質文化や技術文化をはじめとするさまざまな領域で、これからも探っていきたいし、それは私がレヴィ＝ストロースから学んだ大切なことの一つです。

ブリコラージュ

ほかに私がレヴィ＝ストロースから学んだことの一つは、『野生の思考』で提起されている「ブリコラージュ」の考え方です。これについては、随分いろいろなところに私は書いていますが、最近のものでは、昨年出た講演集『文化の三角測量』（人文書院）に収められている道具学会での講演「ヒトとモノのかかわり合い方について考える」や、『文化を交叉させる』に、元の英文から和訳して収録した、「グローバル化の中で技術文化の多様性を探る」などに要約されています。

ブリコラージユ（bricolage）という言葉は、ブリコレ（bricoler）という動詞から来ていますが、元々は馬が草むらの中を上手に歩き抜けていくとか、ビリヤードで球が突いた人の意図とは別の動きをしたけれども結果的にうまくいったとか、意図しなかった偶発的幸運を表わす動詞として、十七世紀くらいからフランス語で使われ始めたとされています。もっと語源を遡ると、十四世紀にイタリア語で「弩《いしゆみ》」を指したbriccolaからフランス語に借用されたと言われていますが、現代イタリア語には、ブリコラージュに対応する言葉はないようです。

ブリコラージュという名詞形で、ありあわせのものを継ぎ合わせて、一つの作品をこしらえるというような意味で使われ始めたのは、フランスで二十世紀の初め頃からです。

面白いことに、ブリコラージュに対応する英語もないのです。仏英辞典を調べてもdo-it-yourselfとか、ブリコラージュをする人はhandymanであるといったものしか出てきません。日本でも『野生の思考』を訳された大橋保夫さんが「器用仕事」とされましたが、日本語にもないので、大橋さんが造語をして注をつけたのです。これはフランスで二十世紀の初めに発達した言葉としか思えないのです。レヴィ＝ストロースにそのことを言うと、対応する考え方はどこの言語でもあるはずだというのですが、私にはそうは思えない。画一化された部品を使って大量生産する工業化への批判をこめた造形表現として、ブリコラージュの作品を作る動きが、二十世紀初めのフランスにはありました。一九五〇年代頃からは、あえて工業製品の廃物の部品を組み合わせたジャンク・アートも出てきて、メキシコやアフリカ諸国で盛んですが、そういうものの「はしり」が、二十世紀初めのフランスにあったということでしょうか。

『野生の思考』でもブリコラージュの定義に使っているように、神話的思考というものは、シーニュ（記号）によってものの間の関係を作りますが、それに対して科学的な思考というのは、コンセプト（概念）を使います。その場合には、全体としての体系があって、その中での概念というものを使ってやっていくということです。ブリコラージュは理論に基づく概念を操作してではなく、記号によって、見かけの類似でやる点に特色があるとレヴィ＝ストロースは言っています。

私は、ブリコラージュというのは成り立ちからしても、元来テクノロジーに関わる言葉だと思いますが、『野生の思考』の中では、神話的思考と科学的思考の対比を明らかにするために、比喩的に用いられています。それをテクノロジーの問題として改めて取り上げたいと、レヴィ＝ストロースに言ったところ、それは面白いから是非やるようにと励まされました。

その一例は、『文化の三角測量』に収めた「ヒトとモノのかかわり合い方について考える」に詳しく述べてありますが、アフリカの村の鍛冶屋は、先込めの鉄砲を作るのに自動車のハンドルを支えている鋼鉄の管ステアリング・ロッドを使うのです。真っ直ぐで強い中空の管だからですが、それを鍛冶屋は切って鉄砲の銃身にする。システムの中のコンセプトとして考えると、銃身とハンドル軸は全く違うシステムの一部ですが、アフリカの鍛冶屋はこれを見て、これは鉄砲に使えると見立てて、それを銃身にする。こうした「見立て」の考え方は、日本文化の伝統にもひろくありますね。ハンドル軸の銃身としての「見立て」は、シーニュの類比によるブリコラージュです。鍛冶屋が感じた類似に基づいて、自動車の部品で鉄砲を作るのです。

鉄砲の問題で言えば、日本で種子島銃を国産しようとしたとき一番苦労したのは、銃身の後ろを止めるネジです。日本では明治に西洋の技術体系が導入されるまで、ネジの原理は知られていませんでした。ヨーロッパでは古くからネジの原理は知られており、職人仕事にも関連するのですが、ネジの原理を応用した万力で工作対象物を台に固定して加工することは、十二世紀の図像資料にもあります。なぜ銃身の後部を取り外せるようにするかと言えば、何度も撃っていると、熱で銃身が歪んでくるので、後部を外して銃口と後部に十字に針金を張って、後部から覗いて、歪みを正す必要があるからです。それに先込め銃だと火薬の滓が銃身の中に溜まりますから、時々銃の後部をはずして、柄の長いブラシで掃除しなければならないのです。ただ掃除した後、銃身内部での火薬の爆発に対してよほど抵抗が強いやり方で後部をふさがないと、撃ち手の方に爆発した火薬が出てきます。そのためには、ネジで締める必要があるのです。

鉄砲は日本で、堺と国友の二ヵ所で独立に国産に成功しています。堺の博物館で実物を見たのですが、要するにブリコラージュで、捻錐《ねじきり》という螺旋状の溝がある円錐形のものを、その場限りの部品として考案して使っているのです。企業秘密ということもあったのでしょうが、ネジの原理は捻錐という鉄砲の部品にだけ使われていて、その後明治まで、ほかには応用されませんでした。

これを私は「半ブリコラージュ」と呼んでいますが、日本の鍛冶屋さんも鉄砲を分解してみて、見かけ上似ているものを作ったわけです。しかしネジの原理というコンセプトを理解してやったわけではないので、それはほかには応用されなかった。種子島に来た銃は、ポルトガル製ではなく、東南アジア製だと言われていますが、いずれにせよ、西洋の技術体系には万力その他ネジの原理というコンセプトがすでにあり、その一つの応用として銃身の後部をネジで塞いだというのとは異なって、日本の鍛冶屋さんはシーニュとして見た目が似たものをこしらえたのです。これは、アフリカの村の鍛冶屋が自動車の部品を見て、これは鉄砲に使えると思ったのと通底する発想ですが、日本の鍛冶屋は曲がりなりにも似たものを自分でこしらえたので、私は半ブリコラージュと呼びたいのです。

ですから、ブリコラージュにはいくつかの段階があるし、ブリコラージュとコンセプトに基づく技術の両方を混ぜることも出来る。私はブリコラージュの現代的意味は、純正部品にこだわらない自由な発想にあると思っています。それが現代の、特に資源の利用に限りがある時代に、有効ではないかと思うのです。

アフリカの村の鍛冶屋の鉄砲作りもそうですが、アフリカで暮らすとブリコラージュの必要性を、強く感じさせられます。車を運転していても、サバンナのただなかで、しょっちゅうあちこちが壊れる。そういうときに純正部品を取り寄せなければだめだと言っていたのでは、どうにもならない。アフリカのプロの運転手は、ブリコラージュのベテランです。純正部品がなくても、ありあわせのもので上手に間に合わせる。純正部品に頼らない、新しいもの作りを発想する上で、ブリコラージュは実践においても、これから大事になるのではないかと考えているのです。

種間倫理

レヴィ＝ストロースの思想で、もう一つ強く共感するのは、種間倫理、人間を超えた倫理の探求です。私はその問題をレヴィ＝ストロースとは違った道筋で、私なりに模索してきました。昔書いた『曠野から』（筑摩書房、一九七三年、中公文庫、一九七六年）というエッセイの中で《私は、人類の歴史は、自然の一部でありながら自然を対象化する意志をもつようになった生物の一つの種が、悲惨な試行錯誤を重ねながら、個人の一生においても、社会全体としても、叡智をつくして、つまり最も「人工的」に、みずからの意志で自然の理法にあらためて帰一する、その努力と模索の過程ではないかと思うことがある。人間の理想としての「自然状態」は、無気力に自然に従属した状態ではなく、また、すでにある手本をさがしてみつかるものでもなく、意志によって人間がつくりだすべきものなのであろう》（中公文庫、三二ページ）と書きました。

レヴィ＝ストロースも、反・人間中心主義の、ある意味で自然一元論者であり、そのことは、『悲しき熱帯』の最終章にある、私の好きな言葉「世界は人間なしに始まったし、人間なしに終わるだろう」に籠められています。また私が訳して『中央公論』（二〇〇一年四月号）に掲載し、思いがけず大きな反響を呼んだ「狂牛病の教訓」にも、人間を超えた倫理を求めるべきことが、レヴィ＝ストロース一流の諧謔を交えて書かれています。

いつかパリのレヴィ＝ストロースの自宅で、二人だけでゆっくり話しているとき、先に挙げた『曠野から』の一節を訳して彼の意見を求めたところ、「自然の理法」にはどのようにして到達できるのか、仏教の高僧のように瞑想によって一挙に到達できる人もいるかもしれないが、普通の人には難しい。自分は素朴な意味でのカント主義者、不可知論者であって、手探りを続けながらだんだんと最終的なものに到達するという方法をとるしかない、と言われました。けれども人間を超えた理法はあるだろうし、人間を超えた倫理を求める必要がある。その点では、違った道を通っているかも知れないが、考えは一致している、とも言われました。

私はかつて、レヴィ＝ストロースの研究室で出している *L'Homme* という雑誌に彼について書いた論文に、副題を「種間倫理を求める構造主義者?」と付けたのですが、彼は終わりの疑問符は取ってもいいと言いました。種間倫理については、『文化人類学とわたし』（青土社、二〇〇七年）に収められたいくつかの論文でも書いたのですが、それを考えるのが人間である以上、人間中心主義を逃れられないというジレンマがあります。けれども、種間倫理を志向し、模索を続けるという点では、私はレヴィ＝ストロースから学ぶところが大きかったし、励まされました。これからも模索を続けていきたいと思っています。

こぼれ話、レヴィ＝ストロース先生

レヴィ＝ストロース先生が、ジーパンでソファに座ったこの写真は、私の秘蔵の一枚だ（本書七ページ）。一九八六年七月、フランス東部、葡萄酒の名産地ブルゴーニュにある、先生の別荘のサロンで。壁に掛かっている油絵は、先生が二歳のとき、祖母の膝で本を広げている姿を、肖像画家だった父上が描いたものだ。先生の別荘に妻と娘と三人、何日か泊まりがけでお邪魔したとき、そう伺って私は、この絵の下で、本を広げて下さいとお願いした。茶目好きの先生は、喜んで応じて下さり、このショットとなった。絵の中のクロード坊やと七十六年後の先生を対比したこの写真は、二〇〇四年にパリのレルヌ社から刊行された、先生の未発表の文章や、先生についての世界の四十八人のエッセイ、詳しい年譜、書誌を集めた大部の『クロード・レヴィ＝ストロース』にも、私のエッセイと共に、一ページ大で収められている。

ジーパンとの縁も、何度か伺った。電話帳からの単純な間違いのほか、先生の知名度を利用して、新ブランドのデニム・ズボンを売り出さないかという誘いも受けたこと。アメリカの大学の食堂で、満席のため名前を呼んで案内してくれるのを待ったとき、Mr. Lévi-Strauss! Pants or books? と大声で呼ばれて、まわりの人たちもどっと笑ったというお話も。

『悲しき熱帯』に描かれた、ブラジル奥地での生活のありさまを読んでも、先生がいかものに、強い好奇心と食欲をもっておられることがうかがえる。日本で食事をご一緒したときも、鯉の洗い、丸のどじょう鍋など、おいしそうに召し上がるのに驚いた。そんな先生があるとき、「私が日本で食べられなかった、ただ一つのものは何だか分かりますか?」と言われた。答えられずにいると、「馬肉料理ですよ」。ヴェルサイユのブルジョワの家庭に育ったので、馬は高貴な動物だという観念がしみついているからですと、文化相対主義にあっさり待ったをかけるようなお話だった。

それがきっかけになって、フランスで私がよく食べた生の馬肉の「タルタル・ステーキ」(かってパリ・モンパルナスの「クーポール」で、当時はここの名物だったこの料理を今西錦司先生と食べたとき、今西先生は「こんなうまいもん、はじめて食った、この辺から汗が出て来よった」と鼻の脇を指さして相好を崩された)をはじめ、世界の馬肉食をめぐって、レヴィ=ストロース先生とは何度もお話した。馬びいきの先生は、フランスではパリ・コミューンで、食べるものに困窮したときからではないかとも言われたが、フランスでも馬肉食はもっと古く、広いようだ。

この写真の頃には、書斎の机の引き出しを開けて、護身用の大型ピストルがあるのを見せて下さったのを思い出す。まもなく満百歳を迎えられる先生は、先月下さった、封筒の宛名までいつもながら万年筆での几帳面な手書きのお手紙にも、「手が震えて、字がうまく書けずもどかしい」とお書きになっていた。
もどかしさを自覚されて、もどかしいとお書きになる先生は、まだまだお元気だ。

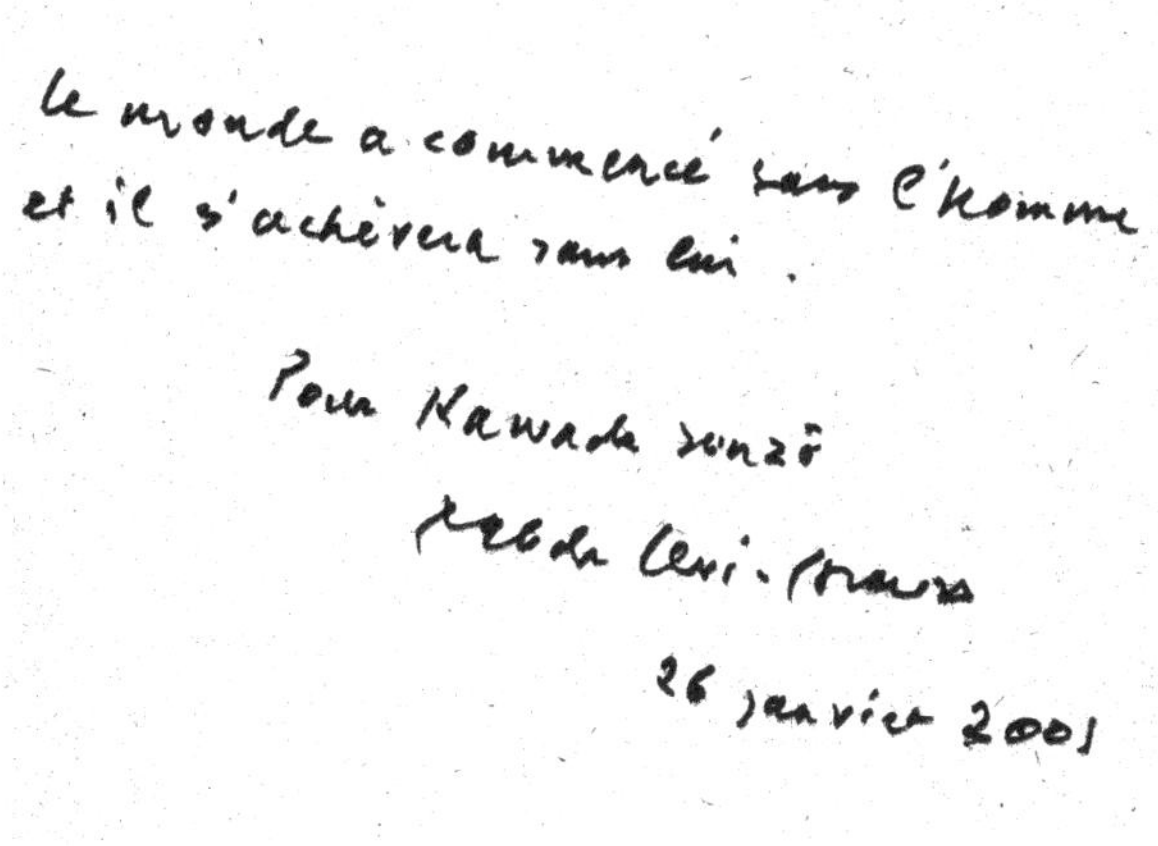
Le monde a commencé sans l'homme
et il s'achèvera sans lui.

Pour Kawada Junzô
Claude Lévi-Strauss

26 janvier 2001

「世界は人間なしに始まったし、人間なしで終わるだろう」。
カワダ・ジュンゾウのために
クロード・レヴィ＝ストロース
2001 年 1 月 26 日

5

Recueil général des écrits

sur Claude Lévi-Strauss

狂牛病の教訓

人類が抱える肉食という病理

クロード・レヴィ＝ストロース
川田順造 訳

肉食は食人習俗の一形態だ

アメリカ大陸の先住民や、長いあいだ文字を用いずに暮らしていた人たちにとって、神話の時代というのは、人間と動物たちとがはっきりとは区別されておらず、たがいに意思を通じあえるような時代だった。人間が共通の言語を失って理解しあえなくなったバベルの塔の物語で歴史時代をはじめるのは、この人たちの目には、物事の奇妙に偏狭な見方を示していると思われることだろう。彼らにとっては、原初の調和の終わりは、これよりはるかに広い舞台で生じたものなのだ。それは人間たちにだけでなく、すべての生きものに禍いをもたらしたのだから。

現在でもまだ、すべての生命を持ったもののあいだにあった原初の連帯を、われわれはぼんやりとだが意識しているように思われる。子どもが生まれるとすぐにか、まもなく、われわれは何はともあれ大急ぎで、子どもの心に人間と動物たちの運続性を教えこもうとするのではないだろうか。ゴムや縫いぐるみでこしらえた、見せかけの動物たちで幼児をとりかこみ、幼児に最初に与える絵本で、子どもが実物と出あう前に、熊や象や馬や驢馬《ろば》や、犬猫や雄鶏雌鶏や廿日鼠や兎などを見せてやるのである。まるで、過去のものになったことをやがて知るはずの動物たちとの一体感への郷愁を、ごく幼いときから子どもに抱かせなければならないとでもいうように。

人間が自分の身を養うために、意識するにせよしないにせよ、他の生きものを殺すということを、すべての社会が解決しようとしてきた哲学的問題として人間に課したのは、驚くに当たらない。旧約聖書は、それを人間の堕罪が間接にもたらした一つの結果としている。エデンの園で、アダムとイヴは木の実と穀物を食べて生きていた（創世記Ⅰ－29）。人間が肉食をするようになったのは、ノア以後のことにすぎない（同Ⅸ－3）。この人間と他の動物たちとの訣別が、バベルの塔の出来事という人間同士の分離の直前に、あたかも後者が前者の結果か、個別の一例ででもあるかのように起こっているというのは、意味深長だ。

人間を他の動物と区別するこの考え方は、動物性の食物によって、菜食生活をある意味で豊かにした。しかしながら、文字を持たない人たちの一部は、それを食人習俗《カニバリズム》のほんのわずかに弱められた一形態だとみなしている。この人たちは狩人（または漁師）とその獲物の関係を、親族関係をモデルにして人間化して考えようとしている。すなわち、婚姻によって生まれる姻族間の関係が、さらにもっと直接に、配偶者同士の関係としてである（配偶関係になぞらえることは、世界のすべての言語が、隠語表現におけるヨーロッパ諸語も含めて、性交を摂食行為になぞらえていることからも、容易になっているといえる)。このようにして狩猟と漁撈は、一種の内輪の食人習俗《カニバリズム》とみなしうるのである。他の人たち——前記のうちのある人たちも含めてだが——は、世界に存在する生命の総和は、常に均衡を保っているべきだと考える。狩人や漁師がその生命の総和の一小部分を取り上げるとすれば、彼ら自身の寿命を、いわばその代価として支払うべきなのである。これは肉食のうちに食人習俗《カニバリズム》の一形態を見る、また別の考え方だ。この考え方にしたがえば、他者を食べているように思えても、その実《じつ》自分自身を食べていることになるのだから。

共食いを強いた人間

およそ三年前〔このエッセーは一九九六年にイタリアの新聞『ラ・レプブリカ』紙に発表された〕、狂牛病と言われる疫病が今日ほどではないがニュースになったとき、私は『ラ・レプブリカ』紙の読者に、次のように述べた。ヨーロッパでは発育不良を治すために人間〔死産児〕の脳の抽出物を投与することで惹きおこされる病気として〔二十世紀はじめから知られている〕クロイツフェルト＝ヤコブ氏病の新しい症例である、ニューギニアで時折犠牲者が出る「クル」と呼ばれている病気に近い症状が、本来の意味での食人習慣《カニバリズム》に属する行為に関連するものであり、これらすべてを含めるために食人習俗《カニバリズム》の概念を拡張する必要があると〔一九九三年十月十日〜十一日付「われわれはみな食人種《カニバル》だ」〕。

そして現在では、ヨーロッパのいくつもの国で牝牛が感染し(その肉を食べた者が死ぬおそれもある同系統の病気が、牛を原料とした粉末を飼料として牛に与えたために伝染したことを、われわれは知らされている。したがってこの病気は、牛たちが共食い《カニバリズム》を人間に強いられたことに由来しているのだが、その基になっているやり方は、歴史上前例がなかったものではない。十六世紀にフランスを血に染めた宗教戦争のあいだ、飢えたパリ市民たちが追いつめられて、地下納骨所《カタコンブ》から取り出して挽いた、人骨の粉で作ったパンを食べたことを、同時代の文献が明言している。

それゆえ、関連するあらゆる事象を含めるまでに意味の拡大された食人習俗《カニバリズム》と肉食との結びつきは、人間の思考のうちにきわめて深い根を張っているのである。この結びつきは、狂牛病とともにあらためてクローズ・アップされているが、それは、死をもたらす病気に感染する不安のためだけではない。いまや牛たちにまで拡張された共食い《カニバリズム》というものが、元来われわれのうちに培ってきた恐怖も、そこに加わっているためなのである。幼児から条件づけられているので、われわれは依然肉食をつづけるのだが、代わりになる肉を何とか算段することになる。いずれにせよ、肉の消費がめざましく低下したことは否めない。

ただ今度のことが起こるより前に、一体われわれの何人が、肉屋の陳列台の前を通るときに、来るべき時代の観点を先取りしてそれを眺め、不安に駆られたといえるだろうか。昔の人間は自分たちの食用にするために生きものを飼っては殺し、その肉を切り身にしてショーウィンドウに体裁よく陳列していたのだという考えが、十六、十七世紀の旅行者にアメリカやオセアニアやアフリカの野生人たちの人肉の食事が感じさせたのと同じ嫌悪を催させるはずの日が、いつか来ることであろう。

動物愛護運動の潮流の高まりが、それを証拠だてている。ノアの方舟に乗りこむときには明らかに示されていた被造物たちの一体性と、方舟から出たあとでの、ほかならぬ造物主によるその否定とのはざまで、われわれの生活慣行がわれわれを追い込んでいる矛盾を、われわれは次第により明確に認めるようになってきているのである。

オーギュスト・コントの「予言」

思想家のなかでは、おそらくオーギュスト・コントが、人間と動物の関係の問題にもっとも注意を払った一人だと言える。コントの研究者たちが、この偉大な天才がしばしば耽った妄想のせいにしてあえて無視してきたようなやり方で、コントは人間と動物の関係を取り上げている［コント『実証政治体系』］。ともあれ、コントが論じていることは一考に値する。コントは、動物を三つのカテゴリーに分けている。第一のカテゴリーに彼が入れているのは、人間に対して何らかの意味で害をなす動物であり、彼は単純明快にそれらを殺してしまうことを提案している。

第二のカテゴリーに入るものとして彼がまとめているのは、人間が自分たちの食料にするために、保護したり飼ったりしている種類のもので、牛、豚、羊、その他の小家畜や家禽などである。数千年来、人間はこれらの動物を根底から作り変えてきたので、もはやそれらを動物と呼ぶことさえできないくらいだ。それは、われわれの生存に必要な有機化合物を作りだす、［コントの表現によれば］「食料製造装置」とみなすべきものだ。

コントはこのように、第二のカテゴリーから動物らしさを排除する一方で、第三のカテゴリーを人間らしさのほうに組み入れている。このカテゴリーには、人間の伴侶、しばしば有能な助手とさえわれわれがみなしている、人間と意思疎通が可能な種《しゅ》の動物、コントが「知能の低さがこれまで著しく誇張されてきた」という生きものたちがまとめられている。そのいくつかは、犬や猫のように肉食動物だ。他のものはその草食の本性からして、使用するのに十分な知能水準に達していない。コントは、これらを肉食動物に変えることをすすめているが、彼の見るところ、これは少しも不可能ではない。ノルウェーでは、秣《まぐさ》が欠乏したときは、干魚を家畜に食べさせるのだから。

このようにして、人間はある種の草食動物を、動物の本性が含んでいる最高度の完成にまで、到達させることができるだろうという。新しい食習慣によって前より活発で賢くなったこれらの動物たちは、彼らの主人に尽くし、人類のしもべとして振る舞うのに、より適した状態になるだろう。これらの動物にはエネルギー源や機械を監視する上での主な作業をゆだね、その結果人間は他の仕事に力を注ぐことができるようになる。それがたしかにユートピア（実現不可能な世界）であることは、コントも認めている。だがそれでも、現代化学の基になっている金属の原子核変換よりは、実現の可能性は大きいだろう。原子核変換のアイデアを動物に適用するのは、物質の領域でのユートピアを生命の領域へも拡げるというだけのことでしかない。

一世紀半経った古い考えではあるが、さまざまの問題に関して予言的であり、他の問題に関しても、思いがけない見方を示してくれる。人間が、直接間接に、数えきれない生物の種《しゅ》の消滅を引き起こしているということ、そして同じ人間の仕業によって、それ以外の種《しゅ》も、深刻な脅威にさらされているということは、あまりにも明白だ。人間が自然環境に加えている破壊作用が、熊、狼、虎、犀、象、鯨などだけでなく、それ以外の昆虫、無脊椎動物の種《しゅ》も日々絶滅に追いやっていることを考えてみればいい。

コントが予想していなかったと思われるほど、これもまた予言的なのは、人間が自分たちの生きる糧《かて》にしている動物たちを、情け容赦なく食料生産装置にまでおとしめているという彼の見方である。区切られオートメ化された畜舎や鶏舎では、仔牛や豚や鶏の飼育は、そのもっともおそろしい実例を示している。欧州議会も、つい最近そのことを問題にしたばかりだ。

さらにまた、コントにすれば第三のカテゴリーに入る動物たちが、人間にとっての有能な協力者になるだろうという考えも予言的だ。訓練された犬に託された任務が次第に多様化している事実や、重い身体障害者の介護のために教育された猿［ノドジロオマキザルなど］や、イルカの果たしうる役割の将来性などは、コントの考えを実証している。

草食動物を肉食動物に変えるという考えも、同様に予言的だ。狂牛の衝撃的な一件がそれを証拠立てているが、この場合は、コントが予想したような形では事は展開しなかった。草食動物をわれわれが肉食動物に変えたとはいっても、この変形はそもそも一般に信じられているほどには、おそらく本質的なものではない。すでに認められているように、反芻動物は、厳密には草食動物とはいえない。特殊な機能をそなえた消化器のなかで、発酵した植物を食料にする微生物が、反芻類の主な栄養源になっているからである。

とりわけコントの予言と異なっているのは、この変形が人間の有能な助手となるものたちに対してではなく、コントによって食料生産装置とみなされた動物たちを犠牲にして行なわれたことだ。コント自身が「過度の動物性は、かれらにとって有害であろう」と警告していたように、これは致命的な誤りなのである。

有害なのは、変形された動物たちにとってだけではない。われわれにとっても有害なのだ。この草食動物たちに過度の動物性を付与する（かれらを肉食動物にするだけでなく共食い動物《カニバル》に変えてしまう）ことによって、われわれはたしかに意図してではなかったにせよ、われわれの「食料生産装置」を、死をつくりだす装置に変えてしまったのではないだろうか。

要請される方向転換

狂牛病はまだ、すべての国に及んだわけではない。イタリアは私の知る限り、いままでのところ汚染されていない。やがて、狂牛病のことは忘れられてしまうかもしれない。イギリスの学者たちが予言したように、病原菌の伝染自体がおさまるか、厳重な衛生管理政策が、食肉用家畜の健康を保証するかによって。だが同時に他のシナリオも考えられるのである。

これまで受け入れられてきた見方とは逆に、この病気は異なる種《しゅ》のあいだの生物としての境界を越える可能性もあるのだ。われわれが食用にしているすべての動物に伝染すれば、この病気はいつまでも居座ってしまい、すべての生物の必要をみたすことを深刻に危うくしている、産業文明が生んだ諸悪の一つに数えられることになるだろう。

すでにわれわれは、汚染された空気しか吸えなくなっている。水もまた汚染されているだけでなく、かつて信じられていたように、無制限に供給されうるものではなくなった。家庭用水だけでなく、農業用水も使用量が量られている。エイズの出現以来、性交渉は死の危険をはらんだものになった。これらの事象すべては、人間の生活条件を根底から覆しており、これからも覆していくだろうし、その当然の結果として、爾後肉食がもたらすはずのもう一つの死の危険が座を占めることになる、新しい時代の到来を告げるだろう。

とはいえ、これだけが人間に方向転換を強いることができるかもしれない、唯一の要因なのではない。これからの半世紀のうちにおそらく二倍になる人口を抱えた世界で、家畜や人間の飼育する動物のすべては、人間にとっての怖るべき競合者となる。ある計算によると、アメリカでは、穀物の生産量の三分の二が、動物の飼料として使われている。しかも、これらの動物が食肉の形でわれわれに返してくれるカロリーは、かれらが生きているあいだに摂取するカロリーより、はるかに少ないということを忘れてはならない（鶏については、五分の一だと聞かされたことがある）。

人口増大をつづける人類は、生き残りのために、まもなく現在の穀物生産量のすべてを必要とするようになるだろう。家畜や家禽に与える分はなくなり、動物の肉がタンパク質やカロリーのごくわずかの部分しか占めていないインドや日本の食習慣を、全人類がそっくり模倣せざるをえなくなるだろう。さらにおそらくは、それすらも完全に放棄しなければならなくなるだろう。というのも、人口が増加する一方で、耕作可能な面積は浸食や都市化の結果縮小し、炭化水素の保有量は減少し、水の供給源も減るからである。反対に、専門家たちの見積もりでは、もし全人類が菜食主義者になれば、現在耕作されている面積の土地で、いまの二倍の人口を養えるという。

訣別する日

西洋社会で、食習慣を変えようとしはじめているかのように、肉の消費が自然発生的に低下傾向にあるのは注目すべきことだ。そうであるとすれば、狂牛病の災厄は、肉の消費を方向転換させることで、現在起こりつつある変化を加速させる役割を果たすにすぎないということになる。

狂牛病がそこにつけ加えるものがあるとすれば、われわれの種《しゅ》が自然の秩序に背いたために支払った代償という漠とした意識からなる、一種神秘的な要素くらいのものであろう。

農学者たちは食用植物の蛋白質含有量を増やすことに、化学者たちは合成蛋白質を工業的に量産することに、それぞれ努めるだろう。とはいえ万一海綿状脳症（狂牛病とそれに類する病気の医学的な名称）が、持続的に居座ってしまったとしても、だからといって肉への嗜好が消滅することは決してあるまい。ただ、この嗜好を満足させる機会は、稀で、高価で、危険にみちたものになるだろう（日本では、フランス語でテトロドンと呼ばれる魚「フグ」を食べるが、その状況は幾分かこれに似ている。この魚は至上の美味とされているが、不完全に内臓を抜いて調理されれば致死の毒にもなる）。

肉は、とっておきの宴会のメニューに登場することになるだろう。昔の旅行記にある、いくつかの社会での人肉の食事に漂っていたのと同じ、うやうやしい崇敬と不安のいり混じった気持ちで、人は肉を食べることだろう。どちらの場合も、祖先の肉を拝受して祖先と心を通わせることと、対立者であったか対立者になるかした生きものの危険な肉体を、自ら全責任を引き受けて体内に取り込むことの双方に、同時にかかわっている。

牧畜は、採算に合わなくなって完全に姿を消してしまうだろうから、超高級店で購入するこの肉は、狩猟によってしか手に入らなくなるだろう。われわれがかつて飼育していた家畜たちは自由の身になり、野生に戻った田園で、野獣と同じ狩りの獲物ということになるだろう。

それゆえ、グローバルを僭称する一文明の拡大が、地球を単一化してしまうとは必ずしもいえない。かつてはよりよく配分されていた住民は、現在すでにみられるように、地方と同じくらい広大になった巨大都市へと、他の空間を去って集中することだろう。住民から決定的に見棄てられたこれらの空間は、太古の状態にかえって、そこかしこに［産業社会を脱出した人たちの］何とも風変わりな生活が展開されることになるかもしれない。

人類の進化は、単一化に向かうのではなく、さまざまなものの対照を、新しいものさえ創出してきわだたせてゆき、多様性が支配する世界を再現するかもしれない。数千年来の習慣と訣別して得られるこのようなものが、ある日われわれが、狂牛たちにもたらしていることから学ぶかもしれない教訓なのである。

＊ 本文中［ ］内は、著者から直接教示を得た上での訳者による補いである。また著者の指示により、一部原文を変えた上で訳出した個所がある〔訳者〕。

〔解説〕なぜ狂牛病とレヴィ＝ストロースか

数年前イギリスに端を発してヨーロッパを襲った狂牛病の恐怖は、その後ドイツなどにも飛び火して、鎮静に向かうどころかますます拡大しつつある。去る一月二十九日にも、ヨーロッパ連合三五ヵ国の農相会議は、このBSE（ウシ科海綿状脳症）のために莫大な臨時支出が必要とされており、畜産政策を抜本的に見直さなければならないという認識では一致したものの、取るべき方向や具体的施策については意見は分かれたままで、決定的に有効な手は打てずにいる。こうしたなかで最近のヨーロッパでの牛肉の消費の激減と、それにともなう牛肉価格の急落は、『ル・モンド』紙の表現によれば、まさに「めまいをおこすような」ものだ。

この病気は、食肉用に処理されたあとの牛の骨と臓器の一部を粉末にしたものを、家畜の飼料に混ぜたために、感染の蔓延を招いたとされている。狂牛を食べた人の脳もスポンジのようになって死ぬといわれているのだが、感染した牛のどの部分を食べると危険なのか、筋肉だけならば狂牛のものでも食べて大丈夫という説もあり、要するにさまざまな話がまことしやかに巷に飛びかっている。

このように、病気そのものよりも、むしろそれをめぐって拡がった恐怖が、ヨーロッパ人の長い肉食の習慣をあらためて鏡にかけているような、社会・文化的側面がむしろ重大だというべきなのだ。

このような状況で、自然と文化の関係を、アメリカ先住民の神話におけるその表象を通して、意味の拡大された食人習俗《カニバリズム》を一つの重要な切り口として研究してきた人類学者レヴィ＝ストロースが、一般に向けての発言を求められるのは、当然のことともいえる。

著者の承諾を得てここに訳出したエッセーは、はじめ一九九六年十一月二十四日付のイタリアの『ラ・レプブリカ』紙にイタリア語訳で発表され、二〇〇〇年十月に、フランス語の原文がフランスの家畜保護団体の機関誌『シャン・リーブル』に掲載されたものである。本文中に言及されているように、レヴィ＝ストロースは一九九三年十月十～十一日付の『ラ・レプブリカ』紙にも、「われわれはみな食人種《カニバル》だ」という、これに先行するエッセーを発表している。

レヴィ＝ストロース一流の知的諧謔に満ちたこの辛口のエッセーも、著者の構造主義の世界観と不可分である脱人間中心主義思想の、現在の状況における一つのマニフェストと見ることができるだろう。レヴィ＝

ストロースの高度に彫琢された研究論文からみれば、「非学問的な新聞記事」にすぎないと著者自身謙遜してはいるが、この短い文章が、人類の生き残りと地球環境保全の可能性がますます深刻に問われている現在、われわれに投げかけるメッセージとしての意味は重い。

「世界は人間なしに始まったし、人間なしに終わるだろう」。これは世界二六ヵ国語に翻訳され、原著が書かれて四十六年経ったいまもロングセラーをつづけている名著『悲しき熱帯』終章の一節だ。人間のおごりを静かに戒める、これほど簡素で、だが決然とした言葉がかつてあったろうか。この壮大な世界把握の前には、

2005年10月　一緒に撮った最後の写真。
レヴィ＝ストロースの書斎にて。

いわゆるエコロジストの運動なども、人間中心主義の一つの戦術として、色褪せてさえみえる。人間も他の多くの生きものの一部として位置づけた上での、根源的な種間《しゅかん》倫理の探索が求められている現在、狂牛病をめぐるレヴィ＝ストロースの発言は、その脅威にまだ直接にはさらされていないわれわれ日本人にも、貴重な思考の糸口を与えてくれるのではないだろうか。

〔川田順造〕

二十世紀の出口で

レヴィ＝ストロース／インタヴュー

構造主義について

日本においてもフランスと同様私の名は、いわゆる構造主義現象と結びつけられ、バルト、ラカン、フーコーなどの名と一緒にされ、六〇年代の思想に影響を与えたといわれる。しかしそのような見方はたいへん大きな間違いを含んでいると思う。とりわけフランスにおいては、私自身立ち会っただけにはっきりと断言できる。

構造主義というのは実に規模の大きな思想の運動であり、その起源はルネッサンスにまで遡る。とりわけ十八世紀に大発展を遂げた後広く浸透し、言語学、美術史、心理学――認識心理学には構造主義の考えが浸透している――といったきわめて多様な分野を豊かなものにした思想である。そしてフランスでは私が、人類学にも構造主義が適用できるということを示したために、フランス人はその前史について正確に知らなかったことと相まって、すっかり私を買いかぶり、私によって構造主義が始まったと考えてしまったといえる。

そして当然ながら多くの人々が、それぞれの領域で何ができるか、どう使えるかということを探ることになった。バルト、ラカン、フーコーといった人々と、私は結びつけられることにもなったのだが、私自身はこれらの人々とは何の接点も、いかなるつながりも見いだせないし、フーコー自身も自分は構造主義者ではないと明言していたことを指摘すべきだ。

つながりはむしろ十八、十九世紀に生きた人々との間にある。五月上旬に出版される私の本『みるきく　よむ』で、私は十八世紀のフランス人のある音楽学者――ミッシェル・ポール・ギイ・ド・シャパノンという、今日ではすっかり忘れられた人だが――についてかなりの紙数を費やしているが、この人は構造主義者と呼ぶことができる。

一九六〇年代のパリで構造主義がもてはやされた理由については、私はごく控えめな仕方で解釈する。フランスとりわけパリの知識人の世界は、ほぼ五年ごとに「流行」を必要としている。当時実存主義が登場してすでに数年が経ち、人々は飽き始めていたところへ、私が「構造主義」をひっさげて現われた。これで行き詰まりから抜け出せるというので人々は殺到した。そして五、六年ほどが経ち、人々は飽きてまた別のものに飛びついたというわけだ。いずれにせよこれは全く表面的な現象で、何の意味もないことだ。

開発と国民国家

私の『悲しき熱帯』では、後により理論的な研究で展開されることになるさまざまな着想が、現地での経験の中に、すでに萌芽的なかたちで見いだされるとあなたはいわれるが、『悲しき熱帯』は私がブラジルを離れてから十五年後に書かれたということを忘れないで欲しい。したがって私はこの経験の後に考えて練り上げた理論的な着想を、過去についての物語に投影している部分も数多くある。私はけっして有能な調査者ではない。調査者に必要な忍耐力をもっていないからだ。私にとって現地調査というものは一種の心理的衝撃、あるいは私たちのそれとは全く異なった生活と思考のありかたの、具体的な啓示というべきものだった。

理論的な意味でもっとも大きな影響を私に与えたのは恐らくボロロの人々だったと思う。彼らは彼らのきわめて複雑で多様化した社会構造の一切を地表に、生活空間に投影していた。したがって私は彼らから理論的な分析の手ほどきを受けたのだ。つまり社会学的な表現を、別の社会学的表現にどのように変換するかということを学んだのだ。ナンビクワラについては事情は違っていた。ボロロの社会が構造化されているのに比べれば、ナンビクワラはそれと同じ分だけ不分明でとらえがたい社会だった。こうしてナンビクワラの社会はむしろ私に、社会が社会である下限とはいかなるものか考えさせたのだ。ナンビクワラが本当の意味で「未開」であるということではなく、「未開」の状態に追い込まれたのではあるが。こうして私は人類学の理論的な問題の両極端を見て、その両者をつなげようと試みることになったのだ。

私が一九三五年から三九年の間に、何度かのブラジル滞在をしたあと、初めてブラジルを訪れたのは一九八五年のことだ。

その時は、フランス共和国大統領に同行した、わずか五日間の短い旅だった。ブラジリアに滞在した二日の間に、ブラジルの大手の新聞社が軽飛行機をチャーターするから、ナンビクワラの土地は無理だとしても少なくともボロロの土地まで飛んでみないかともちかけてきた。私の最初の探検行の土地だ。私たちはこの三、四人しか乗れない、いかにも見栄えのしない飛行機で出発した。

私たちはまずロンドノポリスに着陸し、そこからパラナ川の支流ベルメーリョ川に沿って歩いてみた。かつて私はこの川を丸木舟で遡り、また下ったのだが、今では、川に沿って舗装道路ができている。私たちは上空からもボロロの村を捜してみた。私が訊ねるたびにパイロットは、村の近くの仮設の滑走路には、着陸はできても、短すぎて離陸はできないと答えた。結局私たちは、かつて馬に乗り、丸木舟で訪れた場所を、一日中上空から眺めるだけで満足せざるをえなかった。

私たちが飛行機で彼らの上を飛ぶことを前もってボロロの人々に知らせるのは、ブラジルでは不可能に近い。インディオ保護に携わるFUNAIの小さな駐在所で、村からの通信は無線で受け取ることができるが、メッセージを送り返すことはできないからだ。ある村で私たちの訪問のことを知り歓迎の祭りの準備がされたというが、パイロットはとうとうこの村を見つけることができなかった。

あなたは一九八四年にナンビクワラの人々を訪ね、私の調査の時以来四十六年間に生じたたいへん大きな変化に驚いておられる。たしかに自転車、トランジスターラジオが入り、さらにFUNAIの方針に従って定住化が進められ牧畜と農耕が導入された。しかし同時に、あなたの撮った写真を見ても、彼らが伝統の生活の仕方に強い愛着をもち、生活のある面では、ほとんど私の行ったころと変わっていないこともたいへん印象的だ。

去年メキシコシティーで、コロンブスによる「アメリカ発見」五百周年に対抗して大きな集まりが開催され、南北アメリカの各地からインディアン、インディオの代表団が集まり、南北アメリカでも最も「未開」な人々の一つと見なされたナンビクワラの代表も呼ばれた。だが、彼らが関心をもったことといえば、日本製のエレクトロニクス製品を扱う店に駆けつけることだったという話を、人から聞かされた。彼らはトランジスターラジオなどを、山のようにかかえて帰っていったということだ。

経済危機に瀕しているブラジルの国家が必要とする「開発」によって、狩猟採集民ナンビクワラの文化は脅かされている。「開発」と「国民国家」とは、今後も長い間人類にとって最も重大な問題をつきつけ続ける二つの事柄であるだろうとは、指摘されるとおりだ。こうした国民国家というものは、いわば避け難い運命のようなものであるとはいえ、フランス革命が人類に残した遺産の最良の部分であるとは、とてもいえないものだ。私は、人はさまざまなものへの忠誠心を同時にもっているのであり、それらの間にいわば浮動する余裕を残しておくべきだと思う。すべてを重ね合わせ、あちこちからはみ出してしまう部分を無理に押し込んでしまうということは、まったく不必要なことだ。

今日私たちはユーゴとその周辺の地域で起こっていることを見て、結局のところかつてのオーストリア＝ハンガリア帝国のありかたは、一枚岩的な、したがって民族の対立を不可避なものとする国民国家のありかたよりも、人間的だったのではないかと問い始めている。この帝国は確かに一つの国家ではあったが、いくつもの民族を包み込み、異なった民族、異なった言語が多かれ少なかれ調和をもって共存できるように試みていたのだから。

「科学」になりえない人類学

長い間人類学者が研究対象にしてきた社会は「遠い」社会であり、人類学者はその社会の「行為の主体」ではなく「観察者」にとどまっていた。しかし今日では経済的、政治的視点からは両者は互いに全く関わりをもたないということは、もはやありえない。こうして今ではかつてなかったほどに「われわれ」と「彼ら」の区分線は相対的でぼやけたものになっているといわれるが、これは全く新しい事態だというわけではない。今世紀の初めに、北アメリカのインディアンがニューヨークにやってきて人類学者と共同で仕事をしたという事実もある。前世紀の終わりには人類学研究史上きわめて大きな役割をはたしたインディアンも何人かいた。こうしたことはこれからもいっそうふえてゆくと思われる。私たちの用語でインフォーマントつまり情報提供者と呼ばれていた人々はすでに、そして今後はいっそうのこと、共同研究者ということになってゆくだろう。

ただ人類学的研究に独自の点は、それがたいへん遠く隔たった近づきがたい土地での調査を行なった上で、さらに研究室での研究がある、つまりそこには客観性の探求と、その客観性を再び主観に再統合する――その主観性は最終的には私たちのそれと、現地の人々のそれとに共通なものともなりうるのだが――という努力との間の、たゆみない往還もしくは振子運動であるという点だと思う。

いずれにせよ人類学は真の意味での「科学」にはなりえない。というのも私たちがもっている探求の手段すなわち脳は、私たちが理解し研究する物事と、次元においても複雑さの程度においても等しいのだから。ここには絶対的限界ともいうべきものがあるといえよう。

思うに重要なことは、人類学が自然科学の厳密さにまで達することができるかということよりも、むしろ今日の物理学の進展からみて、それが人間科学の置かれた条件にきわめて似通った条件に立つことになるのではないかということなのだ。なぜなら物理学もまた、世界の現象は私たちの脳が可能にする探求の手段よりもはるかに複雑なものであり、そのために量子力学においては、論理的にみれば全く矛盾した数多くの命題を受容することを認めざるをえないということを悟り始めているのだから。したがって将来、少なくとも私の考えるところでは、人類学がごくわずかではあれ物理学に近づく一方、物理学自体もより控えめなものとなって、両者の溝は縮まってゆくのではないかと思う。

いかなる科学的研究においても私たちの目的は、それまではできなかったようなやりかたで、より多くのことを理解しうるようにすることだ。つまり真実であるのかどうかということではなく、より適切かどうかということが問われるのだ。新しい進歩によって、よりいっそう多くのことが説明されるようになるまでは、その説明が有効だということなのだ。

今日、人間科学が「科学」たりえない最大の理由の一つは、それがただ一つの視点しか採用せず、他の視点は排除しなければならないと信じているということだ。それはまるで生物学において、分子生物学者が動物学者に向かって、動物学などつまらないからやめたほうがよいといい、動物学者が分子生物学者に向かって、本当に面白いのは動物の形態と行動なのだといっているようなものだ。

真の科学においては、現実はいわば層をなしており、私たちは異なった水準に身を置いてものを見ることができ、またそうしなければならない。そして一つの水準を選ぶということは、他の者がそれ以外の水準を選ぶことを排除するものでもなく、また禁止するものでもない。したがって私が無意識の下部構造に関心をもつというとき、私はそれだけが大事で興味深いものだなどとはもちろんいわない。観察を続けてゆけば、私たちそれぞれの観察には補いあう部分があるのだということが、次第に理解されてゆくはずなのだから。

例をあげてみよう。それは貝の例だ。貝殻というものは、一定の生理的な過程によって軟体動物によって分泌されるが、形態学の研究者によれば一つ一つの貝殻の形は一つの数学的関数に対応し、その関数を研究することで貝を一定の満足のゆくやりかたで分類でき、また時には手持ちのコレクションの中である関数に対応する貝殻が欠けていることを知って、それを採集するということもできる。もし軟体動物に魂があるのだったら、彼らにとって貝殻とは何なのか尋ねることもできよう。そうすれば遠い過去の幼児期に小さな渦巻きに対して彼らが感じた愛着の思い出についての愛すべき物語を聞くこともできるに違いない。しかしいずれにしても彼らの有機体の奥で生じている生理過程が、関数を表現したものであるということには、決して思いいたらないに違いない。つまりこれらは二つの異なった平面もしくは水準なのであり、そのそれぞれが根拠をもっており、ある人が一つの水準に、別の人が別の水準に集中するからといって、両者が争わなければならない理由は全くないのだ。

神話の構造

人類学の研究で、研究対象の人々に意識されない構造が問題なのだとすれば、どのようにして検証が可能なのかということだが、まずいえることは、常に完全に無意識であるとは限らないということだ。例えばギリシャ神話では、神話の構造はかなり顕在化し表面に表われている。ギリシャ人は彼らの神話の構造について完全に意識的であったということさえできる。これほどの例は他の民族あるいいは他の神話体系には見当たらないのだが……。意識されたものと無意識の間には、程度の差異がある。例えばギリシャ神話では、その構造は意識的な思考のレベルにあるように思われる。それは神々の名によく表われている。例えばプロメテウスとか、エピメテウスとかの名である。構造的な対立関係をあきらかにするために私は『神話論理』ではしばしばプルタルクに言及した。プルタルクは、しばしば今日の構造分析があきらかになるようなことを述べているのである。

『神話論理』第二巻『蜜から灰へ』の中で、ギリシャ的思考には、神話から科学的な考察の前提条件としての哲学への移行が認められると指摘したが、しかし東洋においても同様のことがおそらく起こったのだろう。ただ西洋の人間にとっては、ギリシャ人において神話の価値の下落が生じたということは、たいへん大きな意味をもった事実なのだ。それは例えばプラトンが「ミュトス」すなわち寓話と、「ロゴス」すなわち合理的思考を対置することにも、はっきりと表われている。もちろん、同じ過程が別の土地でも生じたということもありうる。

もう一つ例をあげよう。『やきもち焼きの土器つくり』という本で、私は全く演繹的なやり方で、というのもそのような具体例が一つも見当たらなかったからだが、したがって最初はたいへん奇妙な結果とも思えたのだが、土器作りの技術と身体に穴のない人物に関する神話体系の間に密接な関係があるということを推論した。穴のない人物とは、口も肛門もなく食べ物から立ちのぼる湯気によって生きている者だが、この関係は純粋に演繹によって推論され、多くのことを説明するのにたいへん有効なものだった。ところがこの本を出版して数ヵ月後、神話の研究がまだ公刊されたことがない南アメリカのある社会で調査を行なった若い人類学者から手紙をもらった。その手紙によれば、そこでは穴のない人物像と土器作りの起源を直接結びつける神話があるという。私は、これは私の仮説が正しかったという証拠が示されたと考えずにはいられない。

このようにして、つまりもし私の仮説が正しければ、かくかくの集団にはかくかくの構成を備えた神話が存在するはずであると想定して調査し、そして現実にそれが見いだされるというようにして、検証が行なわれるのだ。

私は若い時にマルクスの影響を受けたが、私がマルクスから学んでそして忘れなかったただ一つのことは、人間は空虚の中で思考するのではなく、常に彼の生存の条件を起点として思考するのだということだ。したがってマルクス主義の用語を用いていえば、存在しうる上部構造についての理論は、必ずまず下部構造について考察しなければ成り立ちえない、ということになる。ところがまさにこの上部構造についての理論をマルクス自身は構築しなかった。マルクスは問題をはっきりと理解してはいた。彼はこう述べている。すなわち、ギリシャのすばらしい芸術は一つの上部構造だが、それは今日に生きる私たちにも感動を与えることができる。ところがギリシャ人にとっての下部構造と私たちにとっての下部構造は全く異なったものだ。なぜこのようなことが起こりうるのだろうか。彼はこうした問題を立てはしたが解決しようとはしなかった。時間もなかったし、他にするべきことがあったのだ。

私が私のすべての著作を通じて試みてきたことは、まさに下部構造と上部構造の間に関係があるとすれば、それはどのようなものでありうるのかという問題を明らかにすることだったのだ。人間の物質的な生存条件がどれほど重要なものであるかを考慮するわけだが、大切なことはこれらの条件が「思考されたもの」だという点にある。それは単に人間個体に課せられた物理的な拘束というだけではなく、実際に拘束は課せられるとしても人々はそれについて自前の理論を構築し、知的な表象を構成する。そして世界をどのように表象するかという様式こそが、人々の哲学あるいは神話体系を作るのだ。私の著作、なかでも『神話論理』をご覧いただければ、私の関心を惹いた神話のすべてについて、その神話が採集された社会における物質的生存条件について、知りうる限りの民族誌を検討することから始めていない例は一つもないことが確かめられるだろう。

神話の思考と鉱物の結晶とに共通する「構造」を探求しようという野心を、私がもっているかというあなたの問いに対しては、こう答えたい。それが比喩であることはいうまでもないが、ただしそこにはある共通の何かがある。つまり神話を互いに比較するとき明らかになる一連の変換、一つの神話を変換すると別の神話になるという関係と、異なった構造をもった結晶の間にある変換の関係、あるいは貝殻相互に見られる変換の関係とは同じなのだ。そこに見られる変換と規則性という着想を、私は取り入れたかったのだ。

異文化との接触

一般に「進歩」と呼ばれているもの、その一般的な考え方については私はかならずしも同感ではないが、「進歩」を考える時の私たちのやり方の中には、芸術であれ思想であれ科学であれ、内容が豊かになるということのさまざまなあり方の源泉に常に、互いに異なった伝統と生活様式の間の接触が見いだされる。異なったものとの接触をもたない人間集団は、動脈硬化を起こして衰退する。私は生命力の弱かったアメリカの文明のことを頭に置いているのだが、「征服者」がやってきた時、メキシコやペルーの諸文明は、それ自体たいへん脆いものだった。そこには他の文化との接触が欠如していた。

あなたは日本が二世紀半の鎖国の後に、西洋からの衝撃に耐え、植民地化をまぬがれたことを、いまのアメリカの事例との関係でどう解釈するかといっておられるが、私は鎖国というのは一般にいわれるほどは閉ざされた状態ではなかったのではないかと考える。鎖国の全期間を通じて、日本は武器とりわけ日本刀、小銃などの大輸出国であり、日本人の船乗りが南方の海域あるいは中国沿岸にまで達しており、したがってある程度の外部との接触はあった。

さらに私としては次のように考える。コミュニケーションのない状態もさまざまな問題を生むが、過剰なコミュニケーションが行なわれる状態もまた問題を生む。日本を見て思うのは、日本はまさにこの二つの状態の間にみごとな均衡をとってきたということだ。中国や朝鮮ときわめて緊密な交通を行なう時期があるかと思うと、交通がきわめて緩慢になり縮小される時期があり、この時期はじつに大きな恩恵をもたらすのだ。というのもこの時期には、外部からとりこまれたものが同化され加工しなおされ日本固有の文化に再創造されるのだから。つまり日本は外部との交通と交通の欠如の二つの状態の間の振子運動として存在したのであり、この両者をひとつの全体的現象として見なければならないのだ。外国からの影響もすべて自分自身のものとして同化してしまい、植民地化されることをまぬがれたのだ。

人類の未来

私が『親族の基本構造』で近親相姦の禁止に自然と文化の対立を見たために、この対立を、まるで私が発明したかのように非難する人も多かった。だが私たちが研究の対象としてきた人々こそが、私たちにこうした見方を示したのだ。しかしきわめて遠い位置から見るとすれば、人間が動物であることは確かであり、人間の生みだすすべてのものは動物界の一部をなすことになる。とはいえ私たちは思考を短絡させて、すべてをこうしたやり方で解釈しようとしてはならない。方法論においては、文化と自然が現実の二つの違ったレベルであるかのようにみなされなければならない。

しかしその場合にも、さらに分析を深め、まだ十分な科学的なそして知的な手段をもっていないために今は明かすことのできないでいる領域での探究がいっそう深められた時には、結局のところ宇宙は一つであり、この唯一の宇宙の中では一切が連携しており、したがって文化と自然は宇宙の属性として同じ地位にあるのだということが理解されることになるのかもしれないということを、忘れてはならない。ただ、宇宙全体の尺度からすればほとんどが存在しないに等しい、「理性《レゾン》」と呼ばれることのちっぽけなものが、それにもかかわらずこの宇宙を説明できると考えることは人間の思い上がりといえるだろう。

あなたが宇宙には論理があるのかという設問をする時、あなたは人間の理性というものを宇宙の大きさにまで拡大して投射している。ところがまさに人間の理性というものは、宇宙の規模に比べてきわめて小さいのであって、このような投射は不可能なのだ。したがってわれわれがこうした問題を問うこと自体無意味なのだ。あなたのいわれることには、実際には二つの異なった問題が含まれていると思う。すなわち哲学的な問いと、倫理的なあるいは実践道徳的な問いだ。哲学的にいえば、仏教思想が、われわれは決して宇宙の法に達することはできない、そして宇宙の法に達しうると考えることそのものが自己矛盾である、というのは正しい。仏教とりわけ禅はそこから、自己を放棄しなければならないという、実践的な道徳をひきだす。しかし、われわれ西洋の人間にとっては、まさにこれら二つのことは結びついているわけではない。というのは、われわれ西洋の人間は、西洋の思想の歴史のありかたと、そして科学思想が西洋の歴史の中で占めてきた地位の大きさによって、あまりにも強く規定されているのだ。こうしたことからわれわれ西洋の人間、あるいは少なくとも私自身の考えかたとしては、次のようにいわざるを得ない。すなわちつきつめていえば、何ものも意味をもってはいないにしても、われわれは理性を使うことによって知的な満足をえることができるのである。われわれに理解できる限りのことは理解するという生き方のほうが、全く世俗的世界を放棄するよりも、われわれにとってはより生きやすいのだ。

仏教の思想は、常にわれわれの理解を超越した彼岸を起点とし、そこから此岸に帰るものであり、深い瞑想によって自我を放棄して、宇宙の論理に合一するといわれるが、しかしそうした境地に達するのは、仏教においても限られた修行者だけではないのか。つまり人間全体からすればほんの一握りの者であって、それ以外の人々は、やはりわれわれ西洋の人間とあまり変わらない生き方をするのではないだろうか。すなわち、意味の探究の行きつくところは意味の不在にほかならないことを知りつつも、あたかも物事には意味があるかのようにして生きるということだ。

私が論理という時には、私自身の、あるいは人間精神の論理以外の何ものも意味するわけではない。

したがってそうした問いは、宇宙のレベルでは意味をなさないのだ。われわれにはそうした問いを問うことはできないのだ。われわれはけっして宇宙の現実に到達することはできない。ただ、ギリシャ人がロゴスすなわち「正しく行使された思考」と呼んだものは、宇宙、そして宇宙の現実に一致するものだ。私は哲学においては、仏教の思想に共鳴する。しかし道徳の視点からは、生きることを耐え難くしないために、「あたかも……かのように」という立場をとるということなのだ。つまり、宇宙の論理は到達不可能なのだ。

人類の存続がさまざまな脅威にさらされている現在、避けることのできない、しかもこれから先そう遠くないとも考えられる人類の終わりについてどう考えるかという質問だが、私は予言者になろうとは思わない。だが人類がこれからも長きにわたって、一〇〇万年とか数十億年とか存続してゆくことも十分ありうることだと思う。そして私たちには予想もつかない解決法を発見するということもありえるだろう。ただそうした人類は、今の私たちが生まれ育ったこの人類の道徳的な価値、あるいは美的な価値と共通なものは一切もっていないかもしれない。不死であることを望むのはきっとよいことではないのだろう。今から五〇〇〇年あるいは六〇〇〇年、さらに後の時代の人類は、今の私たちから見ればとても生きるに値するとは思えない生活を、送ることになるかもしれないのだから。

〔解説〕

パリを中心とする知的ファッションとしてのいわゆる〝構造主義〟が、モードの場を去って久しいが、文化の認識の方法としての構造分析――レヴィ＝ストロース教授によれば構造主義は「方法」ですらないというが――は、まだ十分に検討されたとはいえず、レヴィ＝ストロース教授の近年の著作が雄弁に語るように、文化研究のある側面での有効性と啓示力を発揮しつづけている。

文化人類学界の文字通りの巨星として、専門分野のみならず、世界の思想、芸術に広く深い影響を与えてきたレヴィ＝ストロース教授も、今年の誕生日で満八十五歳を迎える。アカデミー・フランセーズ会員としての職務以外、公の職からは退いたが、知的領域では隠退どころではなく、一昨年発表された『大山猫の物語』（邦訳はみすず書房）につづいて、今年五月には美術、音楽、文学を独自の視点から論じた『みる　きく　よむ』を刊行し、『神話論理』四巻や『人種と歴史』、『野生の思考』、『悲しき熱帯』等の名著も、版を重ね、パリの書店に平積みされつづけている。レヴィ＝ストロースについての著作も、マルセル・ヘナフの大冊『レヴィ＝ストロース』につづいて、最近も精神分析学者アラン・デルリューの『フロイトの読者レヴィ＝ストロース――法、近親相姦、父、そして女性の交換』が刊行され、フランスの読書界の高い評価を受けている。

幼年時代に端を発する浮世絵を通しての日本への関心もますます深まり、国芳や鯰絵を中心とする見事なコレクションにも、次々と新しい収集作品が加えられている。鯰絵の「世直し」のシンボリズムと共通する、ヨーロッパ中世の新しく選ばれたローマ法王が穴のあいた椅子に坐って富を排泄し、貧者に与えるという慣行の指摘や、ナマズ、オコゼ、地震、山の神、皮膚病などの表徴のつくる構造の変換群が、南米インディオの神話から逆に日本の民俗学研究に示唆を与えるなど、日本文化への洞察の鋭さも通り一遍のものではない。レヴィ＝ストロース教授の日本文化への貢献に対して今度日本政府が行なった、外国の文化人としては異例に位の高い叙勲も、十分過ぎるほどそれに値する教授の実績を思えば、きわめて適切なものだ。

レヴィ＝ストロース最晩年。日本研究書が並ぶ研究室で
（撮影時刻表示は日本時間）。

私個人の研究では、構造主義の開花期に当たっていた一九六二年から六五年の、大学院生時代のフランス留学中から、レヴィ＝ストロース教授には教室でも個人的にも親しく接していながら、構造主義の方法に従ったわけではなく、私自身の研究上の必然性からいって、むしろ批判的であった。ただ、深層の類似に基づく接近やその逆の対立という、文化の研究においてメタファーがもつ役割の活用、要素の間の関係がつくる変換群の考え方などからは多くの啓発を受けたし、何よりも教授の研究対象に対する徹底した謙虚さ、鋭い洞察力、世辞めいた言葉は決して口にせず、それでいてこまやかな心づかいにみちた温かい人柄に対しては、私は最上級の尊敬を抱きつづけている。

三月末パリで、レヴィ＝ストロース教授と数日にわたって、御自宅での食事も二度交えながらゆっくりお話する機会があり、教授の人類学の現在について、また現代の世界や文化をどう見ておられるかについて、お考えを伺うことができた。とくに教授の学問と思想を貫いている一種の「反・人間中心主義」——そこから教授の思想を壮大なペシミズムとする見方も生まれるのだが——、人間とその文化も自然の一部とする自然一元論への志向と表裏をなす、徹底した不可知論——一見きわめて華やかな教授の知的活力と相反するような、禁欲的なまでの留保、深い謙虚さもそこに由来しているのであろう——、などについて、教授の思想の核心を垣間見る思いのする発言に接しえたことは、私にとっても幸せだった。

私もかねて関心をもっている宇宙の理法と人間の理性のかかわりについて、教授は大乗仏数の思想に深い理解を示しながらも、私たちの目からみればきわめて西欧的と思える、徹頭徹尾理性にたよる人間の此岸での努力、その努力による総体的な知の領域の拡大に、最終的な価値を見出そうとする毅然とした態度に、私はかえって荘厳を感じた。

全体とすればかなり長いものになるこの間の一問一答の当面一部分を、教授の同意を得て私の質問部分も要約してとり入れた形の教授の談話形式にまとめたもの（ただし自分の考えを述べる教授の言葉づかいは、忠実に再現してある）をここに紹介する。私の発言もかなりの部分を占めたインタヴューの全体を文字化する、別に進行中の企画の、より完全な形での実現を期したい。

なお、和訳には渡辺公三氏をわずらわしたが、ここに紹介された形でのまとめの文責は私にある。

〔川田順造〕

レヴィ＝ストロース年譜

一九〇八年　十一月二十八日、両親の滞在先のベルギーで生まれるが、二ヵ月後に一家はパリに戻る。父レーモン・レヴィ＝ストロースと母エンマ（旧姓レヴィ）は、ともにフランス国籍のユダヤ教徒だった。父は肖像画家、父の母の父イザーク・ストロースは、ナポレオン三世の宮廷舞踏楽団の指揮者で、ジャック・オッフェンバックの協作者でもあった。浮世絵愛好家だった父の影響で、幼時から日本の美術工芸に親しむ。

一九一四年　第一次世界大戦で父が召集され、母と共にヴェルサイユの母方の祖父の家に暮らす。祖父はヴェルサイユのユダヤ教会の首長だった。しばしば山野を歩いて化石を拾ったり、動植物や岩石を観察することに熱中した。異国趣味のものに対する愛好もつづく。

一九一八年　パリに戻り、十六区のジャンソン・ド・サイ高等学校に入学。

一九二四―五年　家族の知人だった若いベルギー人社会主義者の影響で、マルクスを熱読。社会主義学生連盟で活動。

一九二七年　パリ大学法学部に入学、同時に文学部(ソルボンヌ)で哲学も学ぶ。心理学者ジョルジュ・デュマの講義を聴き、臨床心理学と精神分析に関心をもつ。この頃ジャン＝ジャック・ルソーを愛読。デュルケーム学派の社会学者セレスタン・ブーグレの指導で学士論文「史的唯物論の哲学的諸前提」を書く。法学と哲学の学士号取得。

一九二八年　難関とされる哲学の教授資格試験の準備。一九三一年に、シモーヌ・ド・ボーヴォワール、モーリス・メルロ＝ポンティと同期で合格、教育実習で知り合った哲学者メルロ＝ポンティとは、その死まで親交を結び、互いに影響を与えあう。

一九三二年　ストラスブールとパリで兵役。最初の夫人ディナ・ドレイフュスと結婚。フランス西南部のモンドマルサンで高校の教職（哲学）に就く。地方選挙に社会党から立候補するが、自動車事故のため断念。

一九三三年　フランス東北部のランの高校に転任。アメリカの文化人類学者ロバート・ローウィの『未開社会』（一九二〇）を読み、「啓示」を受ける。

一九三四年　当時高等師範の校長だったブーグレからの突然の電話で、新設のサンパウロ大学に社会学の講師として赴任の誘いを受け、承諾。

一九三五年　サンパウロ大学に着任、大学の休暇に、カデュヴェオ、ボロロなどの先住民の村を訪ねる。

一九三六年　論文「ボロロ・インディアンの社会組織研究への寄与」をフランスの『アメリカ研究者協会誌』に発表。当時のアメリカ研究の指導的立場にあったアルフレッド・メトロー（仏）、ロバート・ローウィー（米）に注目される。
一九三七年　サンパウロ大学を辞任してフランスへ戻り、ブラジルを西北へ横断する広域調査を準備。
一九三八年　六月から年末まで、約六ヵ月かけて調査隊員四人（レヴィ＝ストロースと夫人のディナ（病気のため中途離脱）、リオデジャネイロ博物館のルイス・デ・カストロ・ファァリア、医者のジャン・ヴェラール）、騾馬十五頭、牛約三十頭、それに十五人ほどのアリエイロ（牛追い人）の一行で、ブラジル北西部へ、フランスとブラジルの博物館の資料蒐集《しゅうしゅう》のための旅行。ナンビクワラ、トゥピ＝カワイブなどと接触。
一九三九年　フランスに帰る。ディナ夫人と離別。ドイツとの開戦で、召集され、はじめ電報検閲を担当、ついでイギリス軍との連絡将校となる。
一九四〇年　所属部隊が東北部の前線から南フランスへ退却し、兵役を解かれる。高校の教職につくが、ユダヤ人排斥のため失職。
一九四一年　ロックフェラー財団によるヨーロッパの学者救済計画により、アメリカにいた親類やメトロー、それにローウィーなどの尽力もあって、ニューヨークの新・社会研究学院に職を得て、アメリカへ渡る。その船上で、シュールレアリスムの作家アンドレ・ブルトンと知り合い、長く交友関係を結ぶ。アメリカで当時人類学の指導的位置にあった、フランツ・ボアズ、アルフレッド・L・クローバーを知る。ニューヨークではグリニチヴィレッジで、サイバネティックスの創始者クロード・シャノンと同じアパートに住む。ブルトンと再会したのをはじめ、ヨーロッパからアメリカへ逃れて来ていた、イヴ・タンギー、マルセル・デュシャン、マックス・エルンスト、アレクサンダー・カルダー、アンドレ・マッソン等の前衛的な画家、彫刻家と知り合う。とくにエルンストとは、北米インディアンの造形表象への愛好でも意気投合し、親交を結ぶ。後に『仮面の道《ヴォワ》』（「仮面の声《ヴォワ》」に掛けてある）（一九七五、七八）に結晶する、北西海岸インディアンの仮面を、ニューヨークの骨董店で買い漁る。

一九四二年　哲学者ジャック・マリタン、アレクサンドル・コイレ等、ナチスに追われたフランス語圏の学者が中心となって創設された、ニューヨークの自由高等研究院で、最初の大作『親族の基本構造』（一九四九）に発展する内容の講義を行なう。ロシア出身のコイレの紹介で、同じロシア生まれでこの研究院に講義に来ていた言語学者ローマン・ヤーコブソンを知る。ヤーコブソンと互いに講義を聴講し合い、大きな影響を受ける。この時のヤーコブソンの講義録は、後にレヴィ＝ストロースが序文を書き、『音と意味についての六講』（一九七六）と題してパリで出版された。『親族の基本構造』の構想には、ヤーコブソンから受けた示唆が、大きな役割を果たしたという。

一九四五年　大戦終結後、いったん帰国。フランス大使館文化参事官として再びアメリカへ。滞米中、アメリカの研究機関の豊富な資料を用いて、博士論文ともなる『親族の基本構造』に着手。ディナ夫人と離婚し、ローズ＝マリー・ユルモと結婚。三年後に、『悲しき熱帯』が献じられている長男ローランが生まれる。

一九四八年　『親族の基本構造』を完成、フランスに帰り、『ナンビクワラ・インディアンの家族および社会生活』を副論文として博士号取得。言語学者エミール・バンヴェニスト、民族学者マルセル・グリオールも審査委員だった。パリの人類博物館副館長に就任。同博物館の研究員だった作家のミッシェル・レイリスと邂逅。人類博物館の生みの親であり、ミッシェル・レイリスも参加した一九三一―三三年のダカール＝ジブティ・アフリカ横断調査の仕掛け人でもあった、ジョルジュ・アンリ・リヴィエールと知り合い、リヴィエールの死まで親交を結ぶ。博物館つくりに生涯情熱を燃やしつづけたリヴィエールの、畢生の大作だったパリのフランス民間伝承・技芸博物館設立に協力、正面の壁に掲げられている創設のことばを寄せる。ニューヨーク以来の友人コイレ宅で、精神医学者ジャック・ラカンに紹介される。ラカン宅で、六年後に結婚することになるモニーク・ローマンと出会う。

一九四九年　『親族の基本構造』をフランス大学出版局から刊行、人類学以外の領域にも強い衝撃を与える。『第二の性』を執筆中だったボーヴォワールが、『現代』誌に称賛の書評を書く。作家ジョルジュ・バタイユも詳細な論評を行なう（『エロティスム』に再録）。神話学者ジョルジュ・デュメジルの推挙により、パリの高等研究院（宗教・神話を中心とする第五部門）に招かれ、「無文字民族の宗教の比較研究」の講座をつくり、研究と後進の指導に当たる。

一九五〇年　ユネスコ使節としてパキスタン（東西分離以前）に赴く。

一九五二年　ユネスコから『人種と歴史』を刊行。

一九五四年　二度目の夫人と離婚、現夫人モニーク・ローマンと結婚。三年後、のちに写真家となり、『ブラジルへの郷愁』（一九九五）作成にも貢献した次男マティユーが生まれる。この年から翌年にかけ、五ヵ月足らずで一気に『悲しき熱帯』を書く。結婚直後の現夫人が清書にあたった。

一九五五年　パリ、プロン社の叢書「人間の大地」の一冊として『悲しき熱帯』が刊行され、広く大きな反響を呼ぶ。とくにその文学的価値が高く評価され、この年のゴンクール賞選考委員会は、この作品がフィクションとして書かれていないために、ゴンクール賞の対象外とされたことを惜しむと公けに表明。作家モーリス・ブランショ、バタイユ、レイリス、神話学者ミルチェア・エリアーデ、社会学者レーモン・アロン等も賛辞を惜しまなかった。

一九五八年　構造主義のマニフェストともいうべき論文集『構造人類学』をパリで刊行。人類学のみならず人文科学、思想、文化全般に広汎な影響を与え、いわゆる「構造主義流行」の発端となる。

一九五九年　すでに教授だったメルロ＝ポンティの尽力で、念願のコレージュ・ド・フランス入りを果たし、「社会人類学」という名称で新講座および研究室を創設。翌年から、後に『今日のトーテミスム』『野生の思考』、四巻の『神話論理』などとして刊行される内容の講義（コレージュ・ド・フランスの伝統である一般公開）を行なう。

一九六一年　先史人類学者アンドレ・ルロワ＝グーラン、人文地理学者ピエール・グールー、民族植物学者アンドレ・オードリクール、前述の言語学者バンヴェニスト、博物館学者リヴィエール等を編集委員に誘って、学際的性格をもった「フランスの人類学雑誌」『人間』を創刊（一九九六年まで編集主任は、ジャン・ポール・サルトルの主宰する『現代』誌の編集でも中心的な役割を果たしていたジャン・ブイヨン）、レヴィ＝ストロースとヤーコブソンとの共同研究「シャルル・ボードレールの猫」（一九六二）など、多くの注目すべき論文を掲載、現在も国際的に評価の高い学術誌として定期刊行をつづけている（二〇一〇年二月現在の編集主任は、社会人類学研究室の気鋭の人類学者ジャン・ジャマン）。

一九六二年　『今日のトーテミスム』『野生の思考』を出版。とくに『野生の思考』は、それまで文明以前の低い段階の知能の所産とされていた「未開人」の神話的思考を、「文明人」の「馴化された」科学的思考と相互浸透、相互補完する「野生の」思考として、理論的に位置づけ直した画期的な著作であり、学問、思想に大きな衝撃を与えた。この書は、サルトルの『弁証法的理性批判』の痛烈な批判も含み、実存主義から構造主義へという、戦後ヨーロッパ思想の流れの大きな転回点をなした。

一九六四年　四部作となる『神話論理』の第一巻、『生のものと火にかけたもの』を刊行。

一九六五年　シカゴで、人類学国際賞の一つ、ヴァイキング財団人類学賞の金メダルを受ける。

一九六七年　『神話論理』の第二巻、『蜜から灰へ』を刊行。

一九六八年　『神話論理』の第三巻、『食事作法の起源』を刊行。フランス国立科学研究センターの金賞を受賞。

一九七一年　『神話論理』の第四巻、『裸の人』を刊行し、全巻が完結。この四巻を仕上げるまでは、長い海外旅行はしない、たとえ長年の念願であった日本から招かれても行かないと常々漏らし、毎朝払暁に起きて執筆に専念していたが、その禁が解け、人類学的関心に基づく海外旅行を活発に開始。

一九七三年　フランス学士院（アカデミー・フランセーズ）会員に選出される。『構造人類学2』を刊行。この年と翌年、かねてからその造形表象に強い愛着を抱いていた、カナダのブリティッシュ・コロンビアなど、北西海岸先住民を訪ねる旅をする。その体験は一九七五年刊行の『仮面の道』（一九七九年に増補改訂版）に結実。

一九七四年　アムステルダムでエラスムス賞を受ける。

一九七七年　国際交流基金の招きで初めて日本を訪れ、講演を行ない、六週間各地を旅行。とくに手仕事、職人、労働に関心を持ち、面接・観察調査を意欲的に行なう。
一九八〇年　サントリー財団主催のシンポジウムに参加のため来日。
一九八二年　コレージュ・ド・フランスを定年退職。
一九八三年　レヴィ＝ストロースにとっての人類学の視点と通じ合う世阿弥の思想に強く惹かれ、その言葉を表題に選んだという論集『離見』を刊行（和訳では『はるかなる視線』という、フランス語の理解としても初歩的な誤りに基づく表題で公刊されている）、『源氏物語』などに見られる、いとこ婚に対する評価の比較研究を含む。三度目の来日、琉球を訪ねる。
一九八五年　フランソワ・ミッテラン大統領の公式訪問に同行し、一九三九年以来初めてブラジルを訪れる。ボロロの村に軽飛行機で行こうとするが、果たせず。
一九八六年　『神話論理』の補遺・続編ともいうべき『やきもち焼きの土器つくり』を刊行。
一九八六年　国際文化交流財団（石坂財団）の招待で来日（講演録は『現代世界と人類学』）、隅田川と東京の堀川を和船でめぐり、九州で日本神話のゆかりの地を訪れる。
一九八八年　京都の国際日本文化研究所の招きで五度目の来日、「世界のなかの日本文化」と題して講演（『中央公論』誌の同年五月号に和訳が掲載されている）。
一九九一年　多年にわたるアメリカ先住民の神話研究を締めくくる感のある『大山猫の物語』を刊行。
一九九三年　『みる　きく　よむ』を刊行。
一九九五年　『ブラジルへの郷愁』を刊行。
日本政府による外国人叙勲で、日本に対する学術上の貢献により、勲二等旭日重光章を受ける。

一九九六年　一九三〇年代のサンパウロの写真を集めた『サンパウロへのサウダージ』を、ブラジルで刊行。
一九九八年　ルイス・フロイス『ヨーロッパ文化と日本文化』のフランス語改訳版に序文を寄せる。バジル・E・チェンバレンの「何でもあべこべ」という言葉も引いて、興味深い日欧文化比較論。
　パリ日本文化センターで開催の『縄文―日本芸術の根源』展覧会図録に、日本芸術のうちにある「一気呵成」を尊ぶ精神の原型を、縄文土器に感じるという「序言」を執筆。
二〇〇〇年　レヴィ＝ストロースのコレージュ・ド・フランスでの後継者だった人類学者フランソワーズ・エリティエの定年退職記念論文集『要するに』に、「アメーバの譬え話」を寄稿。生物における暴力的攻撃性と協調的社会性の不可分の相互関係を考察。
　一九九六年にイタリアの新聞『ラ・レプブリカ』の依頼で執筆した「狂牛たちからの教訓」のフランス語原文が、十月、フランスの家畜保護団体の機関誌『シャン・リーブル』に掲載される（和訳は「狂牛病の教訓―人類が抱える肉食という病理」という題で、『中央公論』二〇〇一年四月号に掲載）。ベルナール・フランクの『愛、怒り、色―日本仏教についての試論』に序文。日本のサルタヒコ・フォーラムにも「サルタヒコ神について若干の考察」を寄稿（大阪創元社『サルタヒコの旅』）。
二〇〇二年　アメリカ先住民の神話と、日本神話、ギリシャ神話それぞれとの構造上の類似を論じた「アメリカ版因幡の白兎についての覚書」を日本の『神話・象徴・文学』（楽浪書院）に、「喜んで、あるいは強いられて」を『人間』誌に発表。ピエール・マランダ編『二重のねじり』に、建築論「砂時計型」を執筆。四月六日ブルゴーニュの別荘で転倒し、左大腿骨大転子骨折。二ヵ月の入院で回復し、自宅から徒歩と地下鉄で三十分の研究室に杖なしで通う。

二〇〇四年　古今の大思想家を一巻ごとにまとめ、その思想家についての詳細な資料や各界の論評を集成したシリーズ『カイエ・ド・レルヌ』の一冊として、大判（27センチ×21センチ）四八二ページの『レヴィ＝ストロース』が刊行される。世界諸国から四十八人（日本からは川田順造）が寄稿。大思想家としての「殿堂入り」と目されるこの刊行につづいて、生前の刊行は例外的な、作家・思想家のもう一つの「殿堂」である、ガリマール社の「プレイヤード」集の一巻として『レヴィ・ストロース集』刊行の提案があった（逝去の前年、二〇〇八年に刊行）

二〇〇五年　フランスの「ブラジル年」に際して、パリ、グランパレ大展示場で三月二十一日から六月二十七日まで催された『ブラジル・インディアン展』の大冊の図録に、短い序文を寄せる。この展覧会の一部は、レヴィ＝ストロースによる一九三〇年代のブラジルでの調査・物質文化蒐集活動の紹介にあてられ、図録ではサンパウロ大学の先住民歴史文化センター教授、ルイス・グルッピオーニが、二〇ページにわたる詳しい紹介文を書いている。レヴィ＝ストロースが蒐集し、パリの人類博物館（現在ケー・ブランリー博物館に移管）やサンパウロ大学考古学民族学博物館に、当時の夫人だったディナと連名で寄贈した物質文化の標本も多数展示された。また『悲しき熱帯』に収録されているものも、未公開だったものも含む、レヴィ＝ストロース自身が撮影した写真のほか、調査地でのレヴィ＝ストロースを写した初公開の写真も展示された。民族学・考古学の知識があり、レヴィ＝ストロースの現地調査にも同行して多大の貢献をしたといわれる最初の夫人ディナが、一九三五年、大学の休暇を利用してのカデュヴェオ族調査地のテントで、同行の他のフランス人研究者と一緒にトウモロコシを食べている写真（レヴィ＝ストロース撮影）も展示されている。この展覧会の図録三二四ページ下段にも、二〇〇八年刊行のプレイヤード版著作集の一八七ページ下段にも収められた、カデュヴェオ族の顔面の入れ墨をレヴィ＝ストロースが写した写真にも、傍らでハンモックに横たわりカメラの方を見ているディナ夫人と思われる白人女性の姿がある（『悲しき熱帯』I二五八ページの写真では、カデュヴェオ族の女性の顔面だけにトリミングされている）。この展覧会では、ディナ夫人が撮影したボロロ族の記録映画も上映された。ブラジルでのディナ夫人の協力の重要さは、かねてから指摘されていたが、この展覧会の図録にレヴィ＝ストロース夫妻のブラジルでの活動について書いている前記グルッピオーニ教授も、全文の三分の一くらいのページを割いて、現地調査においてだけでなく、サンパウロ大学での民族学・民俗学や博物館活動へのディナ夫人の貢献について述べている。後に一九五五年四月、三番目の夫人でレヴィ＝ストロースの秘書でもあったモニーク・ローマンと結婚した半年後に、同年十月から五ヵ月で一気に書き上げた『悲しき熱帯』の清書は、新婚早々のモニーク夫人が行ったが、多くの挿話を交えて詳細に描かれたこのブラジル体験の記述に、ディナ夫人のことはひと言も触れられていない。わずかに、ブラジルへの出発に際してフランス・アメリカ委員会がパリで催した夕食会の席で、「私の同僚も私も、それに私たちに同行した妻たちも」（『悲しき熱帯』I一二ページ）とあるので、当時の夫人もブラジルへ同行したことが窺《うかが》われるだけだ。ただ、一九九六年サンパウロでポルトガル語で刊行された、一九三〇年代のサンパウロでレヴィ＝ストロース自身が撮った写真を主とする本（今福龍太訳・著『サンパウロへのサウダージ』）には、レヴィ＝ストロース撮影の、フェルナン・ブローデル等と一緒のディナ夫人の写真が二点（原著一九ページ、今福訳＝二ページ）、学生たちとの集まりで夫妻が写っている写真が一点（原著二〇ページ、今福訳一五ページ）収められている。

十一月十六日、パリのユネスコ本部大講堂を埋めた聴衆が総立ちになって拍手したほどの感銘を与えた、文化の多様性の重要さについての講演を行なう。これに先立って、十月にはユネスコ総会で「文化表現の多様性の保護および促進に関する条約」（アメリカでいうコピーライト産業、とくにアメリカ製通俗テレビ映画の氾濫《はんらん》に対する、輸入規制の条約。ヨーロッパが提案）が、一四八ヵ国の賛成で採択された。反対はアメリカとイスラエル、棄権はオーストラリア、リベリアなど四ヵ国だった。

この年、カタロニア国際賞を受賞。

二〇〇七年　九月二十五日、公刊される文章としては絶筆となった、川田順造の論集（日本語版『文化を交叉させる──人類学者の目』二〇一〇、青土社。フランスでレルヌ社から刊行の予定でレヴィ＝ストロースが序文を書いたが、その後レルヌ社の経営悪化で中止）のための序文を書き終える。その直後、十月に寝台から落ちて再び大腿骨《だいたい》を折り、二ヵ月入院、恢復《かいふく》後も逝去まで約二年間車椅子の生活となり、歩行はできなくなった。

二〇〇八年　生誕百年を記念したさまざまな催しが行なわれる。サルコジ・フランス大統領は、何度も断ったにもかかわらず、カメラマンを同伴して自宅に祝賀訪問を強行し、レヴィ＝ストロースはやむなく車椅子のまま応対した。大統領の訪問の写真は、フランスだけでなく日本の新聞にも掲載された。

「プレイヤード」集の一巻として『レヴィ＝ストロース集』が、ガリマール社から刊行される。著作から『悲しき熱帯』『今日のトーテミスム』『野生の思考』『仮面の道』『やきもち焼きの土器つくり』『大山猫の物語』『みる　きく　よむ』が再録され、詳細な年譜、書誌が付けられている。収録作品に関連する、未公刊のノートや作品の紹介も興味深く、『悲しき熱帯』については、調査旅行中の日誌の断片、小説「悲しき熱帯」草稿（一九三八〜三九）、戯曲「神にされたアウグストゥス」（一九三八〜三九、『悲しき熱帯』Ⅱ、第九部参照）などが収録されている。

二〇〇九年　四月、二人の壮年研究者がレヴィ＝ストロース夫妻の全画協力を得て編集した『クロード・レヴィ＝ストロース――「離見」の人』(*Claude Lévi-Strauss:L'homme au regard éloigné*) が、ガリマール社から刊行される。木馬にまたがった四歳のクロードを肖像画家だった父親レーモンが描いた絵をはじめ、幼時や青年時代を含む未公開の写真や、やはり従来未公開だった多くのフィールド・ノートを豊富に集めている。調査地でのレヴィ＝ストロースの写真、とくにインディオと一緒に写っているものは極めて少ないが、この本にはその点で興味深い写真も収録されている。レヴィ＝ストロースが指揮して、ブラジルとフランスの博物館の資料収集を目的としてブラジル北西部地方を縦断したとき、ブラジル側の監視者として同行したリオデジャネイロ博物館の若い民族学者ルイス・デ・カストロ・ファリアが撮った、ナンビクワラ族調査中の、熱帯用ヘルメット姿のレヴィ＝ストロースの写真二点。ほかに撮影者不詳だが、この調査行で一九三八年十一月マシャド川のほとりのキャンプ地に一人たたずむ写真として、よく紹介されてきたもの（川田訳『ブラジルへの郷愁』二〇一〇、中央公論新社、一九一ページ）がある。カットされていた左手に、全裸のおそらくムンデ族の男が、この白人闖入者を眺めて立ち、レヴィ＝ストロースも、その男を注視していることが、『「離見」の人』の三六―三七ページの見開き写真で分かる。

十月三十日午後、パリの自宅で逝去。前日の朝は、アルザスでの日本文化のシンポジウムに行く途上パリに寄った川田と、シンポジウムについて電話でしっかりとした声で話し、逝去当日朝もテーブルで夫人と朝食をとった。体調が良いと思われたので、介護疲れのモニーク夫人は、午後久し振りに観劇に行くつもりで、パリに住む、二度目の夫人とのあいだに生まれた長男ローランを留守中の介護に呼び寄せたが、夫の容態が急に悪化したため、夫人は観劇をとりやめた。結果として、ベッドに横たわったまま何度か大きく息をついた後に息絶えたこの知の巨人の最期を、夫人と長男が看取った。亡くなったのは夕方六時頃だったが、その日も往診してくれたかかりつけの医師が、まだ往診で外出中だったのを携帯電話で呼び寄せ、死亡診断書を書いてもらい、葬儀社を紹介してもらった。モニーク夫人との間に生まれた次男のマティユーは、連休なので二人の子どもと一緒にリニュロール村の別荘へ泊まりがけで行っていて、その日は来られず、そのまま村にいて、三日午前の埋葬の準備をした。

医師が紹介してくれた葬儀社に来てもらい口止めした上で、アパルトマンの六階から出口まで、エレベーターは使えないので、布にくるんだ遺体を遺族と葬儀社の人が共同で一階の出口まで運んだ。亡くなった翌日の十月三十一日（土）から、十一月一日（日）の万聖節と二日（月）の万霊節＝死者の日とつづく連休に当たったためか人気がなく、六階の住居から一階まで、誰にも会わずに行かれた。出入り口の馴染みの管理人にも、固く口止めをした。人目につかせないため、葬儀社にあらかじめ頼んで、普通のワゴン車で遺体をパリの街外れにあるfunérarium（遺体仮安置所）に運び、三日朝まで保管してもらった。

三日は、リニュロール村でマティユが朝から墓掘人を頼んで村の墓地に穴を掘っておいてもらったが、リニュロールの村長の尽力で五〇戸ほどの村の一軒一軒に手紙を入れておいてくれたので、墓地には誰も来なかったし、一切口外もされなかった。

遺体は朝八時頃、葬儀社の車でfunérariumを出て、十時頃リニュロール村の墓地に着いた。その日は朝から雨が降っていたが、埋葬のときだけ不思議にやんだという。funérariumに対応するものは日本にはないが、フランスでも一九七〇年頃からの新しいものであるらしい。funérarilles（葬礼）とcrématorium（火葬場）の二語をつなげた新造語で、葬儀まで遺族が集まる場所を指す語として使われるようになった。

フランスでは、葬儀社の権限が大きく、役所への死亡届も葬儀社が行なう。死の翌日十月三十一日は土曜日だったが、午前中葬儀社が、パリ十六区の区役所に死亡届を出した。決して口外しないよう、区役所の馴染みの係に葬儀社から頼んだ。十一月三日の新聞社等への公表も、葬儀社がした。日本では死者に白装束でわらじを履かせ、杖をもたせて長い旅立ちの姿にすることもあると川田はモニーク夫人に話したが、レヴィ＝ストロースは本人の遺志で、パジャマ姿のまま、何の飾りも特別の衣装もなく、埋葬されたという。墓印には、別荘の庭で取った自然石を置いただけで、夫人がいずれ一緒に埋葬されるとき碑文を刻むつもりであるという。

故人が書いておいた遺言通り、埋葬の翌日に死が公表された。アカデミー・フランセーズの会員は、しばしば国葬にされる。最年少で会員になり、郷里ロッシュフォールで国葬にされたピエール・ロティは、レヴィ＝ストロースが徹底して嫌った作家だった。レヴィ＝ストロースほどの会員は、国葬に十分値したであろうが、前年、アカデミー・フランセーズ会員の作家で政治家でもあったモーリス・ドリュオンの国葬が、サルコジ大統領によってアンヴァリード広場で豪華盛大に行なわれたことも、レヴィ＝ストロースのこのような遺志につながったと思われる。その後リニュロールの墓は、大勢の崇拝者やジャーナリストが訪れているという。

フランス内外の多くの新聞・雑誌が追悼特集を組み、ユネスコの松浦晃一郎事務局長（当時）はじめ、さまざまな機関長が、深い弔意を表す談話を発表した。百歳の祝賀には自宅訪問までしたサルコジ・フランス大統領からは追悼の言葉はなく、大統領府から短い弔辞が出されただけだったのも、埋葬後の公表によって、現大統領の手で国葬ができなかったことへの失意もあったのか、と取り沙汰された。

二〇一〇年　政治家・学者・芸術家を問わず傑出した人物の生涯と仕事を紹介する一般向けの「ル・モンド別冊」『クロード・レヴィ＝ストロース――神話の精神』発売。また、サルトルとボーヴォワールが創刊した思想雑誌『現代《レ・タン・モデルヌ》』六六〇号で、精神分析の専門家でパリの精神科医でもあるジュアン・パブロ・ルッチェリが、ジャック・ラカンとの関係で、レヴィ＝ストロースの神話分析の方法を改めて論じる。

フランスの「新哲学者」ベルナール・アンリ・レヴィが単独編集し、アシェット社が発行してきた『ゲームの規則』二〇周年記念号にも、レヴィ＝ストロースの広く知られていなかった対談が「感性と知性」という題で掲載されている。この対談は、ベルギー出身のギリシャ学者で作家のモーリス・オランデルが、レヴィ＝ストロースの『仮面の〈声〉』（邦訳では『仮面の道』）をめぐって、フランス語圏ベルギー放送のために、一九七六年に行なったもので、サルトルとの歴史論争にも触れている。この対談は、フランスの総合週刊誌『ル・ポワン』の二〇一〇年九月三十日号に掲載され、『ゲームの規則』に再録された。

あとがき

青土社の名編集者で、私の論集を何冊も世に送って下さった西館一郎さんの、文字通り「お蔭で」ようやく刊行できることになったこの論集（私が忘れていたものまで発掘して下さった）の校正刷りを読み返した今、私は前世からのつながりとしか思えない、不思議な縁が、レヴィ＝ストロース先生と私との間にあったことに気づいた。「風が吹けば桶屋が儲かる」どころではない、神秘的ですらあるこの縁――昭和二十二年の日本国有鉄道の総武線に、七時三五分市川始発の飯田橋行きがあったことと、レヴィ＝ストロース先生が私とこれほど親しくお付き合い下さったこと（そのお蔭で、この論集中の第5部に書かれた、死後埋葬までの詳しい経過もモニーク夫人から伺うことができたのだし（一八八―一九一ページ）、死後刊行の世界諸国語に翻訳出版されている論集『月の裏側』にも、先生あるいはご夫妻と私が一緒の写真が、私のもっていないものまで、これほど沢山収録されているのだ）との遠いつながりを――、できるだけ短く記しておこう。

戦時中の「国民学校」第一期生だった私は、戦後の「六・三制」の第一期生でもあった。正否は不明だが、私が住んでいた市川市の新制公立中学校は整備不十分だという風評があり、私も両親も戦前から定評のある東京の私立中学に進学したいと考えていた。だが麻布中学や開成中学に市川から通うのには、当時交通地獄で有名だった秋葉原で山手線に乗り換えなければならない。ところが、七時三五分市川始発の飯田橋行きなら、早めに行って並んでいれば座れる。これに乗ると飯田橋着八時一五分で、歩いて五分の暁星中学の始業時刻は八時三〇分だったから、これは私に暁星中学へ行けという「神さまの思し召し」としか思えなかった。

カトリックのミッション・スクールとして名前は知っていたが、江戸町人の末裔のわが家は、耶蘇教とは無縁だったし、私も不安感さえあった。それでも他に選択肢がなく、受験したら合格。金曜の宗教の時間の友永徳一神父のお話に感銘を受け、その後フランスに留学してからもMUFというカトリックの学生団体に入り、寝袋を担いでその年の課題について時々立ち止まって議論する（無神論者という前提で私が参加した年の課題は、「救い主、イエス」だった）シャルトルへの巡礼、アフリカへの研修旅行などにも参加、多くを学んだのも暁星の縁だ。そして暁星中学二年生のときクラス担任が、戦時中動員された「仏印」ベトナムから復員して定職がなかった梅原成四先生で、フランスとフランス語への目と心を開いて下さった。病気休学後、私が高校へ行かなかった間も、文学座の「シラノ・ド・ベルジュラック」に誘って下さったり、ご自宅へも度々お招きいただいた。

梅原先生の処女出版である市原豊太氏と共訳の、モーリス・ドリュオンの出世作で、ゴンクール賞を受けた『大家族』上下二册が、父君の梅原龍三郎画伯の装幀で、創元社から一九五〇年に刊行された。

扉ページにじかに、川田順造君、梅原成四と万年筆で書いて下さり、「君にはまだ、早いかも知れないけど」と言いながら手渡して下さったのを、昨日のことのように憶えている。

梅原先生のお蔭で私がフランスの作家で最も早く接した一人である、このモーリス・ドリュオンが、レヴィ＝ストロース先生の遺言にまで、私のなかでつながって行くのだ。ドリュオンは、四六歳の若さでアカデミー・フランセーズ会員になり、レヴィ＝ストロース先生のアカデミー入りにも力を尽くした。

そして、当時東京外国語大学のアジア・アフリカ言語文化研究所教授だった私が、単独の予備調査の後、フランス語圏アフリカのマリ共和国の人文科学研究所を中心とする考古学、言語学、生態学などの研究者たちを誘って、海外科研費によって、『ニジェール川大湾曲部の学際的研究』という隔年調査の八年計画を立ち上げ、関連分野の日本人研究者四回で延べ二八名、マリ側延べ一七名、新しい現地調査の第一次資料に基づき、調査後合同の討論会を開いた上で、フランス語の報告書四冊を隔年に刊行した。インターネットもなく、フロッピーディスクを郵送していた時代に、マリ人研究者も一度も一人の遅れもなく、期日までに報告書を航空便で送ってくれた。

この長期学際研究を実現した功績に対して、当時アカデミー・フランセーズ会員だったレヴィ＝ストロース先生の推薦で、一九九一年日本人としては初めて、フランス語圏大勲章を私は受章したが、その時私が受けとった印刷した賞状に、お祝いの言葉と署名を肉筆で書いてくれたのは、一九八五年以来アカデミー・フランセーズの常任幹事だった、モーリス・ドリュオンだつた。

彼自身ロシア系ユダヤ人で、反ナチの闘士だったドリュオンは、戦後はゴーリストになり、一九七三年四月にポンピドゥー政権のもとで新設された文化省の大臣に短期間任命されたが、ド・ゴールが政権についた一九五九年に文化省を新設してアンドレ・マルローを任命したときのような新鮮味はなく、近視的に政権に利用されたという批判が強かった。

作品がテレビ化されたりして大衆的人気が大きくなる一方で、政治家、文筆家としてのドリュオンは、晩年になって冴えを失ったようだ。アカデミー・フランセーズの常任幹事も一九九九年一〇月に辞任した一方で、二〇〇七年の大統領選挙ではニコラ・サルコジを支持した。二〇〇九年四月一四日、九一歳での死は、サルコジ大統領の指揮下、アンヴァリド広場での盛大な国葬として弔われた。

二〇〇八年、レヴィ＝ストロース先生が固辞したにもかかわらず、サルコジ大統領が先生の百歳を祝って自宅まで押しかけ、カメラマンに写真を撮らせて帰った（その写真は日本の新聞にも出た）経験に加えて、ドリュオンの国葬を知って、サルコジの手で国葬にされることを先生は何としても避けたかったのであろう。ドリュオンの国葬の翌年に亡くなった先生が、埋葬後に死の公表をすることを遺書として記し、遺族や別邸のあるリニュロールの村にも徹底させた経過は、一八八―一九一ページに記した通りだ。

私の長い因縁話におつきあい下さった読者に感謝して、「あとがき」を終える。

二〇一七年四月五日夜明前、湯河原の勉強部屋で、著書しるす。

『レヴィ＝ストロース論集成』初出一覧

1

クロード・レヴィ＝ストロース　インタヴュー（ＮＨＫビデオ）解説　白水社、一九九四年九月。

人類学の視点と構造分析　『構造人類学』みすず書房、一九七二年五月を全面改稿。

「種間倫理を探求する構造主義者?・」（原文フランス語）　*L'Homme* 154, L.A.S., Paris、二〇〇〇年。

「性―自己と他者を分け、結ぶもの」から　『近親性交とそのタブー』藤原書店、二〇〇一年十二月。

2

二十二年ののちに　『悲しき熱帯』上、中央公論社、一九七七年、十月。

『悲しき熱帯』のいま　『悲しき熱帯』Ｉ、中公クラシックス、中央公論新社、二〇〇一年四月。

写真集『ブラジルへの郷愁』をめぐって　『ブラジルへの郷愁』中央公論新社、一九九五年八月。

なぜ熱帯は今も悲しいのか　『ブラジルの記憶』ＮＴＴ出版、一九九六年七月

3

日本についてレヴィ＝ストロース先生が私たちに…（原文フランス語）　シンポジウム「レヴィ＝ストロースと日本」基調講演、二〇一六年五月。

「子供っぽい愛着のなかの緑の楽園」に接して（原文フランス語）　*Lévi-Strauss*, Paris L'Herne' *Lévi-*

STRAUSS、二〇〇四年。

レヴィ＝ストロース、日本へのまなざし　「中央公論」二〇一一年一月号。

隅田川上のレヴィ＝ストロース　「東京人」一九八六年、夏号（創刊3号）。

4

光芒を放ちつづける巨星　「中央公論」二〇一一年一月号。

レヴィ＝ストロースへの道／レヴィ＝ストロースからの道　「道の手帖」河出書房新社、二〇一〇年。

レヴィ＝ストロースから学んだもの　「現代思想」二〇一〇年一月号。

こぼれ話、レヴィ＝ストロース先生　「みんぱく」二〇〇八年十一月。

5

狂牛病の教訓　「中央公論」二〇〇一年四月号。

二十世紀の出口で（原文フランス語）　「中央公論」一九九三年七月号。

レヴィ＝ストロース 年譜　『悲しき熱帯』II（第12版）、中公クラシックス、二〇〇一年五月。

川田順造（かわだ・じゅんぞう）

1934年東京生まれ。人類学者。東京大学教養学科卒業。パリ第5大学民族学博士。東京外国語大学アジア・アフリカ言語文化研究所教授、国立民族博物館併任教授、広島市立大学教授、神奈川大学教授を経て、現在は神奈川大学特別招聘教授、同大学日本常民文化研究所客員研究員。

著書:『曠野から』（日本エッセイスト・クラブ賞）、『無文字社会の歴史』（渋沢敬三賞）、『聲』（歴程賞）、『口頭伝承論』『月の裏側』（毎日出版文化賞）ほか多数。訳書：レヴィ＝ストロース『悲しき熱帯』ほか。

1982年、現地録音・構成・解説『サバンナの音の世界』（東芝EMI）により文化庁芸術祭レコード部門優秀賞。

1991年アカデミー・フランセーズ、フランス語圏大勲章、1994年フランス政府文化功労章、2006年第1回日本文化人類学会賞、2009年文化功労者、2010年ブルキナファソ政府文化勲章ほか。

レヴィ＝ストロース論集成

2017 年 4 月 20 日　第 1 刷印刷
2017 年 4 月 30 日　第 1 刷発行

著者――川田順造

発行人――清水一人
発行所――青土社
東京都千代田区神田神保町 1-29　市瀬ビル　〒 101-0051
電話　03-3291-9831（編集）、03-3294-7829（営業）
振替　00190-7-192955

組版――フレックスアート
印刷・製本――シナノ印刷

装幀――羽良多平吉

ISBN978-4-7917-6979-7　　Printed in Japan